陈平原 主编

人文书系

与周氏兄弟相遇

钱理群 著

复旦大学出版社

出版说明

  本丛书原为陈平原先生应香港三联之约编就,并于2008年在香港出版繁体字版,反响颇佳。因为发行等方面的限制,丛书少为大陆读者所见,实在是一个不小的缺憾。蒙香港三联授权,我社今特推出简体字版,但愿对大陆读书界是一种补偿。

  陈平原先生曾为本丛书香港三联版撰有总序,略述丛书的编选宗旨和出版的因缘际会,无不精妙绝伦,现移用原序中若干隽语,以为简体版弁言,希望于读者诸君有所助益。

  "与当今中国学界之极力推崇'专著'不同",陈平原先生坦言:"我欣赏精彩的单篇论文;就连自家买书,也都更看好篇幅不大的专题文集,而不是叠床架屋的高头讲章。前年撰一《怀念'小书'》的短文,提及'现在的学术书,之所以越写越厚,有的是专业论述的需要,但很大一部分是因为缺乏必要的剪裁,以众多陈陈相因的史料或套语来充数'。外行人以为,书写得那么厚,必定是下了很大工夫。其实,有时并非工夫深,而是不够自信,不敢单刀赴会,什么都来一点,以示全面;如此不分青红皂白,眉毛胡子一把抓,才把书弄得那么臃肿。只是风气已然形成,身为专家学者,没有四五十万字,似乎不好意思出手了。"

  关于该丛书的编选,作为主编的陈平原先生认为,"与其兴师动众，组一个庞大的编委会，经由一番认真的提名与票选，得到一张左右支绌的'英雄谱'，还不如老老实实承认，这既非学术史，也不是排行榜，只是一个兴趣广泛的读书人，以他的眼光、趣味与人脉，勾勒出来的'当代中国人文学'的某一侧影。若天遂人愿，旧雨新知不断加盟，衣食父母继续捧场，丛书能延续较长一段时间，我相信，这一'图景'会日渐完善"。

关于丛书的编选宗旨，陈平原先生有三点说明："第一，作者不限东西南北，只求以汉语写作；第二，学科不论古今中外，目前仅限于人文学；第三，不敢有年龄歧视，但以中年为主——考虑到中国大陆的历史原因，选择改革开放后进入大学或研究院者。"

于今，陈先生的宏愿，经由我们的"加盟"和大陆读者的捧场，可以说已部分得以实现；无论如何，为中国学术的繁荣做点传薪的工作，也是复旦出版人的志趣所在。

复旦大学出版社
2010年7月

目录

小序 / 1

"多疑"、"尖刻"中的现代智慧
　　——鲁迅思维方法论 / 1
周作人的民俗学研究与国民性的考察 / 31
鲁迅和现代评论派的论战 / 63
鲁迅和北京、上海的故事 / 91
鲁迅和中国现代文化 / 133

作者简介 / 151
著述年表 / 152

小序

回顾我的人生轨迹与治学之路,最有意义的,大概就是和周氏兄弟——鲁迅与周作人的相遇。

早在中学时代就读鲁迅作品,在大学期间,又把新出版的《鲁迅全集》通读了一遍,但许多地方都读不懂。真正读进去,并且有了自己的体会,是在"文革"后期。中国与自己都走到了绝境,在极度的苦闷中,和一群年轻朋友探讨"中国向何处去,自己向何处去"时,与鲁迅相遇了。我的第一本鲁迅研究专著《心灵的探寻》就是这次相遇的产物,本书第一篇《"多疑"、"尖刻"中的现代智慧》就是其中的一篇。第二次相遇,是在2000年我遭遇了一次全国性的大批判,大病一场以后,又有了一次绝望的生命体验,并且有了《与鲁迅相遇》,这里选了《鲁迅和现代评论派的论战》这一章。记得在这书的《开场白》里还讲过这样一番话:"人在春风得意、自我感觉良好时,大概是很难接近鲁迅的;人倒霉了,陷入了生命的困境,充满了疑惑,甚至感到了绝望,这时就走近鲁迅了。"——这当然只是个人经验之谈。而且我的经验也不全是如此:在我退休以后,又出现了一次研究、言说鲁迅的高潮,也可以说是第三次相遇。但这一次我的心境就很难用"绝望"来简单概括。由于脱离了体制内的大学教授的身份,反倒有一种"胡思乱想,胡说八道"的自由感,思想的视野,精神的境界，都比原先开阔了许多，也更能以从容的心态和鲁迅对话——当然，内在的忧患也比原先深广了许多。本书的最后两篇就选自退休后出版的《钱理群讲学录》《鲁迅九讲》二书。

结识周作人，是在20世纪80年代；在此之前，我仅知道他是鲁迅的弟弟，散文写得好而已。正是在20世纪80年代"回到'五四'"那样一个启蒙主义的时代氛围中，我与启蒙主义者周作人相遇了。我从他那里，看到了和鲁迅相通，又是那样不同的启蒙思想、知识结构、言说方式，我有一种发现的喜悦。同时又唤起了我深藏在内心，却又长期被压抑的那些更为温柔、平和、精致的情感与趣味，这样的自我发现，曾一度让我着迷。我可以说是用与写作鲁迅完全不同的心境，去写我的《周作人传》与《周作人论》。我在一篇回忆文章里说，那是一段"充满了温馨"、"令人怀想的岁月"，"颇有一种自由感与松弛感"，于是就有了几分"洒脱"，几分"从容"（《岁月无情又多情》），这都是可以从那时写的文字（哪怕是学术论文）里感觉得到的。

到了20世纪90年代以后，我似乎是和周作人告别了。在一篇文章里，我曾经解释说，那是因为周作人突然"热"了起来，其实是另一种意识形态的构造，我不想去"凑热闹"。另一个更为内在的原因，是20世纪90年代后中国和世界社会的大混乱、大变动中，我的思想、情感与心境都更趋向于鲁迅，我也更愿意言说鲁迅：我以为这是自己的责任所在。但我仍在内心深处为周作人保留了一个角落，"稍有空闲，即读其书而与之谈，每有所悟，必欣欣然而随手记下"，于是，又在2001年出版了《读周作人》一书，不过，这已是"业余写作"，带有"自我调节、自我发现的自娱性质"（《〈读周作人〉小引·后记》）。出版后好像也无人注意，我自己却不时翻出来看看。本想也选一篇收入本书，但都是文本细读，于体例不合，只好割爱。

其实，在20世纪90年代末，我还开过一门"鲁迅、周作人思想研究"课，整理出《话说周氏兄弟》一书，在青年学生中产生过不小影响。其中一篇谈《有意味的参照》，本也想选入，但由于论题未充分展开，分量不足，也就舍弃了。不过其观点倒无妨在这里说一说。主要是讲了三层意思：其一是强调周氏兄弟思想上的一致性，他们最关心的是"立人"，是"个体的精神自由"，但他们又有各自不同的关注点，不同的领域，有极大的思想互补性。其二，面对中国社会的全面危机，他们在价值取向、人格自塑、人生和文学道路上都作出了不同的选择，代表了现代知识分子的两种范式。其三，和屠格涅夫分析的堂吉诃德、哈姆雷特一样，周氏兄弟这两个典型，也"体现着人类天性中的两个根本对立的特性，就是人类赖以旋转的两极"，构成了一个文化、精神、人格的共生体，需要作一个综合的把握。

因此，在我看来，周氏兄弟的研究，还有很大的潜力与前景。我只是占了一个"开始得早"的便宜，所写的这一切，不过是"桥梁中的一木一石"。用今天的学术眼光来看，实在是简陋粗疏得很。因编此书，重读旧文，虽不免有些眷恋，因为这毕竟是自己生命的最重要的一部分，却更感羞愧，乃至沮丧。写到这里，突然想起王瑶先生在《中国新文学史稿》重版后记里，引述了鲁迅的话："诚望杰构于来哲也。"就学术发展而言，这确实如此。

以上所说，都是"学术"与"人"的关系；按主编"总序"里的要求，似乎还应谈及"学术"中的"文"，即"学术文体"的追求。我曾多次说过，自己一身兼任学者与教师，而且把教师看得更重；这样的特殊身份认同，也决定了我的写作方式，大部分文章都是先有提纲，在课堂上讲过以后,再正式整理成文,这自然也就影响了行文的风格,形成了一种"对话体,或演讲体"的"学术文体"。在退休以后,虽然离开了正式课堂,但仍在到处"讲学",而且因为不是正规上课,也就更为随意而自由,挥洒一种我称之为"随笔式的学术文体"。后来因为研究的需要,重读当年的"胡风分子"张中晓的《无梦楼随笔》,读到他的一句话,不禁怦然心动:"一部学术著作的真正价值,在于它把寻常的叙述因素和尊严的思辨形成艺术的结合,不仅给人多闻博识,同时给人以深刻和纯真的乐趣",这正是我所追求的学术风格和学术境界,虽不能至,却心向往之。

2008年6月4日完稿,6月11日补写一段

与周氏兄弟相遇

"多疑"、"尖刻"中的现代智慧

——鲁迅思维方法论

> 叛逆的猛士出于人间……他看透了造化的把戏。
>
> ——《野草·淡淡的血痕中》

一

对于鲁迅，有一种含有贬义的观察：说他多疑而尖刻。面对着怀有恶意的攻击与并非怀有恶意的批评，我们的一些同志采取了回避态度，或者引用另外一些材料来证明这都是一些误解；据说这是为了维护鲁迅。

其实鲁迅无须维护。为尊者讳，本身就是鲁迅最痛恨的华夏传统之一。鲁迅的伟大正在于，他的一切都可以公之于众，让人们在光天化日之下予以评论，乃至批判——他几乎是唯一可以不加删削、修改地出版全集，而绝不会损害他的形象的现代中国思想家、文学家。

科学研究无禁区。我们应该从事实出发——不是按照预定的观点，经过主观筛选的事实，而是与论题有关的全部事实。

是的，我们可以举出大量的事实证明鲁迅并不多疑、尖刻，相反却是过于天真、过于宽厚了。请读许广平的《鲁迅回忆录》，特别是《鲁迅和青年》那一篇。那著名的"儿子"的故事，是叫人哭笑不得的。许广平由此而发出的感慨，可谓深知鲁迅之言："谁说先生老于'世故'，我只觉得他是'其愚不可及'。世界上竟有这样的呆子吗？可是这呆气，先生却十分珍贵着。他总是说：'我不能因为一个人做了贼，就疑心一切的人。'"[1]

鲁迅不赞成"赤膊上阵"。他在与人相处时，也总有所保留，并不赤裸相见[2]。只有在少数比较亲近、信任的人面前，鲁迅才比较多地显露出自己的真相。读鲁迅给曹靖华、章川岛、胡风、萧军、萧红等人的书信，会强烈地感到鲁迅对人诚挚、直率、宽厚、无微不至的关怀，甚至天真。应该说，这都比较接近鲁迅的真性情。鲁迅摘译的岛崎藤村《从浅草中来》中有一句话："我希望常存单纯之心；并且要深味这复杂的人间世"，"当混杂的现在的时候，要存单纯的心实在难"。人们大多注意到鲁迅"深味这复杂的人间世"这一面，而往往忽视了也许是更为本质的一面，即"常存单纯之心"。一切站在历史的高峰，看透现实，因而超越现实的伟大人物，必定有"返璞归真"的一面。萧红曾经回忆说："鲁迅先生的笑声是明朗的，是从心里的欢喜。若有人说了什么可笑的话，鲁迅先生笑得连烟卷都拿不住了，常常是笑得咳嗽起来。"[3]我常想，能够这样放怀大笑的人，一定有一颗纯真的心。

但鲁迅确有多疑、尖刻的一面。

学术界已经多年不谈所谓"'杨树达'君的袭来事件"，也许是有所忌讳。但这恰恰是最能显示鲁迅多疑、尖刻的真相的。

这是一个崇敬鲁迅而患了精神病的青年学生对鲁迅的突然袭击。鲁迅开始怀疑其疯，以后断定其装疯，感到受骗而生厌恶，乃至认为受到损害，愤怒得不能自制，终于

---

[1] 许广平：《鲁迅和青年们》《欣慰的纪念》，收《鲁迅回忆录》（上），北京出版社，1999年，第355页。
[2] 殷夫某次与鲁迅相见时，他的感觉是："鲁迅话很少，又冷，好像受了一种威压似的"，以至于很"悔"与鲁迅相见，这表现了殷夫作为诗人的敏感与真挚。鲁迅连忙去信解释："初次相会，说话不多，也是人之常情。"（《为了忘却的纪念》，《鲁迅全集》第4卷，人民文学出版社，1981年，第480页，下同，不一一注明。）
[3] 萧红：《回忆鲁迅先生》，《萧红全集》（下），哈尔滨出版社，1991年，第1125页。

产生最严重的猜疑，作出一般人难以想象的最严峻的判断：以为这是在文界、学界的论敌特意派来加害于自己的，遂立即著文公开揭露与反击。但一旦明白真相，鲁迅毫不顾忌自己的地位，又立即连续作文公开"辩正"，表示歉意，万分痛苦地自责"太易于猜疑，太易于愤怒"[1]，并愿承担一切损失："由我造出来的酸酒，当然应该由我自己来喝干。"[2] 从这事件中，我们看到了什么呢？我们看到了鲁迅的多疑与尖刻，又看到了鲁迅的诚挚与坦荡。这构成了完整的鲁迅。我们更痛苦地发现鲁迅在事件发生过程中强烈的防范意识，由此而领悟到《狂人日记》里"狂人"过度敏感的精神病态，正是我们这个时代的先驱者（包括鲁迅在内）精神状态的一个侧面夸大的变形的反映。是这样的病态的社会环境：四面充溢着阴谋、流言和陷阱，人与人之间满怀敌意与猜疑，鲁迅精神上时时处于高度紧张状态，他不得不"横站"，提防八方来敌，鲁迅之"太易于猜疑，太易于愤怒"正是病态社会、病态人际关系对鲁迅心理、性格的扭曲与损伤，也是鲁迅的一种自我保护性的反应与反抗。

鲁迅曾经说："现在有几位批评家很说写实主义可厌了，不厌事实而厌写出，实在是一件万分古怪的事。"[3] 如今世人只知批评鲁迅多疑、尖刻，而不注意批判制造多疑、尖刻的病态社会，这同样是"万分古怪"的。对于我们民族最优秀的代表鲁迅心灵的这种损伤与曲扭，正是不合理的旧社会的最大罪恶之一。难道不应该这样提出并思考问题吗？

---

1 《集外集·关于杨君袭来事件的辩正》，《鲁迅全集》第7卷，第49—50页。
2 同上。
3 《译文序跋集·〈幸福〉译者附记》，《鲁迅全集》第10卷，第173页。

二

鲁迅在总结"三·一八惨案"的历史收获时说:"这回死者的遗给后来的功德,是在撕去了许多东西的人相,露出那出于意料之外的阴毒的心,教给继续战斗者以别种方法的战斗。"[1]我们由此而得到启示:鲁迅的多疑、尖刻是血的代价换来的,它绝不仅仅是消极的病态,还有其也许至今还没有得到应有评价的积极价值。它显示了从中国现代历史运动中升华出来的现代智慧:一种新的思维方法与战斗方法[2]。

在我们对以多疑、尖刻形态出现的鲁迅式的思维方式的丰富内涵作出分析、概括之前,对这种思维方式的产生基础,以及由此表现出的鲁迅思维的某些特点,作一番探讨,也许是必要的。

鲁迅曾经对同时代的一位年轻的杂文作者作了如下评价:"'此公'……看文章,虽若世故颇深,实则多从书本或推想而得,于实际上之各种困难,亲历者不多。"[3]这里确实存在两种思维方式:"从书本或推想"出发即从前人的实践经验或自我静观的抽象思辨中推导出观念的思维方式;重"实际"、"亲历"即从实际生活经验的总结概括提炼出观念的思维方式。鲁迅显然更推崇后者,因为这是更符合他自己的思想风格的。冯雪峰在他的有很大影响的《回忆鲁迅》[4]中就曾反复强调:"现实战斗的意志、需要

---

[1]《华盖集续编·空谈》,《鲁迅全集》第3卷,第281页。
[2] 许寿裳回忆说鲁迅"观察很锐敏而周到",谈话常"一针见血,使听者感到痛快,有一种涩而甘,辣而腴的味道",朋友当面评为"毒奇",鲁迅也"笑笑首肯"(《亡友鲁迅印象记》,《鲁迅回忆录》〔专著〕上册,北京出版社,1999年,第233页)说的也是鲁迅的思维方式。
[3]《书信·340414·致黎烈文》,《鲁迅全集》第12卷,第388页。
[4] 学术界对于冯雪峰这部著作的重要性也许仍然认识不足。他在书中所提出的关于鲁迅思维方式、个性、气质的许多精辟见解至今仍是我们从事这方面研究的重要基础,本书的写作即从其中得到许多教益与启示。

和目的，决定着和统一着鲁迅先生的全部思想。和一个平常所说的思想家或理论家比较，他确实更像一个战士或一个斥候，一面战斗着一面探索着前进道路，而这个战斗和探索的经验与教训就是结成他的可珍贵的思想果实的基本东西。"[1]这是一个对理解鲁迅思维特点有重要启示的论断。鲁迅正是恩格斯所说的"处于时代运动中，在实际斗争中生活着和活动着"[2]的时代巨人型的思想家，而非唯恐时代烈火"烧着自己手指头"的书斋里的庸人学者。最平凡的，也是最生气勃勃的人生形态对于鲁迅思维的发展具有极端重要的意义。鲁迅最善于选择人们习以为常的生活现象、心理习惯，作为他思想探索的开发口，一直开掘到历史的底层，揭示出深广的社会、历史、民族的文化心理结构。你读读《坟》里的《看镜有感》《说胡须》《灯下漫笔》《再论雷峰塔的倒掉》《论"他妈的"》，每一篇都是开掘不尽的思想的深井，你会惊异于：几面古镜，几根胡须，饭后闲谈时的传闻，兑换钱币的心理变化，乃至几乎人人挂在嘴边的"国骂"，竟然蕴含着如此丰富的社会学、历史学、民族学、心理学的内涵，体现着历史发展的本质。最平凡的，最普遍的，也是最深刻的，鲁迅与其说是运用逻辑的力量推论出历史本质的理性认识，不如说是运用了自己对中国社会、历史、人生、民族的深切体察，领悟到这一切，寓平凡与深刻为一体，表现了丰富而独到的人生智慧，这是鲁迅思维的一个重要特色。

作为一个思想家、杂文家，社会历史运动不仅是他思想的源泉，而且构成了一种强大的原动力，鲁迅也从不讳言他的思维实践的社会功利的目的性。在鲁迅生活的20世

---

[1] 冯雪峰：《回忆鲁迅》，《雪峰文集》第4卷，人民文学出版社，1983年，第156页。
[2] 〔德〕恩格斯：《自然辩证法·导言》，《马克思恩格斯选集》第3卷，人民出版社，1972年，第445—446页。

纪，这种社会功利的目的首先表现为政治的目的。鲁迅无疑具有强烈的政治意识，在鲁迅身上没有半点远离政治的自命清高的文人气息，他时刻处于时代政治旋涡的中心，公开站在反帝反封建的人民革命这一边，从不掩饰自己与帝国主义的、封建的反动政治的势不两立。在受到马克思主义影响以后，鲁迅更自觉地把自己从事的文艺思想领域里的战斗视为"最高的政治斗争的一翼"[1]。关于文化思想斗争的战略、策略、方法问题的思考与探索，是鲁迅思想的中心问题之一。如果说政治学是20世纪中国意识形态的重心所在，那么，在鲁迅的思想中无疑是集中了20世纪丰富的政治斗争经验中提炼出来的政治智慧的。

鲁迅作为一个思想文化战线上的战略家、策略家，他具有类似于政治家、军事家的绝端冷静的头脑。但鲁迅同时又是一个具有诗人气质的艺术家，他在对于人生、社会和民族命运的思考中，注入了强烈的主观情感，鲁迅说"释愤抒情"是他思考、写作的基本动力之一[2]。增田涉指出鲁迅思维的"多疑"与情感的"善怒"这两者的"结合"，显示了"鲁迅的特征"[3]，都是在提醒人们注意思想家鲁迅的诗人气质。它与前述战略家、策略家的气质构成了矛盾对立的统一。

鲁迅多疑、尖刻的思维方式本身就是20世纪以来空前尖锐、复杂的政治斗争与思想斗争的产物。历史正经历着把陈旧的生活方式送进坟墓，新的婴儿诞生前漫长的阵痛，这是一个充满了污秽与血的时代，在生与死的最后搏斗中，一切温情脉脉的面纱全部剥落，露出本来面目的疯狂与卑劣；古、今、中、外——人类历史、现实中的一切

---

[1]《三闲集·文坛的掌故》，《鲁迅全集》第4卷，第122页。
[2]《华盖集续编·小引》，《鲁迅全集》第3卷，第183页。
[3]〔日〕增田涉：《鲁迅的印象》，《鲁迅回忆录》(下)，北京出版社，1999年，第1420页。

阴谋诡计,鬼蜮伎俩竟然集中于20世纪中国政治舞台上同时演出。鲁迅经常痛苦地谴责自己:"我向来是不惮以最坏的恶意,来推测中国人的,然而我还不料,也不信竟会下劣凶残到这地步"[1],"那么风云变幻的事,恐怕世界上是不多有的,我没有料到,未曾描写,可见我还不很有'毒笔',……我还欠刻毒"[2]。鲁迅更忧虑着"未经世故的青年,不知底细",容易"上当","碰钉子还是小事,有时简直连性命也会送掉"[3]。现实就是如此严峻,在你死我活的拼杀中,人们的天真,思维方式的简单化、直线化,认识与现实的脱节,都要付出血的代价。鲁迅自己就多次亲历了这样的流血,而且多是最为宝贵的青年战士的血。鲁迅尤感痛心的是,在血的欺骗与屠杀中民族的健忘症:"无论怎样言行不符,名实不副,前后矛盾,撒谎造谣,蝇营狗苟,都不要紧,经过若干时候,自然被忘得干干净净。"[4]血的教训不能使人警醒,吃人的宴席又将排到几时呢?为了反抗这民族的健忘症,为了民族的生存,鲁迅不得不独自直面历史陈尸的全部罪恶,保持着高度的敏感和最鲜明的记忆,因而形成了以"多疑"、"尖刻"为主要特征的思维方式;在这样的思维方式中,集中了20世纪中华民族在血的浸泡中获得的人生智慧与政治智慧。

三

鲁迅谈到自己思想特点时,一再说:"我看事情太仔细,一仔细,即多疑虑"[5],"我的习性不大好,每不肯相信表面上的事情",常有"疑心"[6];在谈到以他为主将的《语

---

[1]《华盖集续编·纪念刘和珍君》,《鲁迅全集》第3卷,第275页。
[2]《三闲集·通信》,《鲁迅全集》第4卷,第98页。
[3]《书信·341210·致萧军、萧红》,《鲁迅全集》第12卷,第592页。
[4]《华盖集·十四年的"读经"》,《鲁迅全集》第3卷,第129页。
[5]《两地书·八》,《鲁迅全集》第11卷,第32页。
[6] 同上书,第33页。

丝》时,也强调了"看得中国的内情太清楚"的特点[1]。鲁迅并且说:"中国的人民是多疑的。无论那一国人,都指这为可笑的缺点。然而怀疑并不是缺点。"[2]所谓"仔细"、"多疑",首先表现了思维的周密性,不肯轻信主观、片面、表面的观察得出的简单化的结论,而努力追求对对象及其矛盾着的各个侧面的精细的观察与思考。不仅注意对象的正面,而且注意其反面;不仅注意对象的一个侧面,而且注意其前后左右各个侧面,并且从这些不同方位的观察的综合中,得到对对象的全面认识。

《坟》里有两篇文章:《我之节烈观》与《论"费厄泼赖"应该缓行》,最能够体现鲁迅的这种"仔细"、"多疑"思维的特点与风格。

《我之节烈观》是一篇驳难文章。鲁迅用怀疑主义的否定眼光去考察在中国曾被认为是"天经地义"的节烈观,一口气提了十个疑问:"不节烈的女子如何害了国家?""何以救世的责任,全在女子?""表彰(节烈)之后,有何效果?""节烈是否道德?""多妻主义的男子,有无表彰节烈的资格?""节烈这事,何以发生,何以通行,何以不生改革?""节烈难么?节烈苦么?""不节烈便不苦么?""女子自己愿意节烈么?"临了还有一层疑问:"节烈这事,现代既然失了存在的生命和价值;节烈的女子,岂非白苦一番么?"[3]鲁迅是那样冷静地、仔细地,像医生解剖尸体一样,把传统节烈观这具历史陈尸的里里外外,前前后后,正面反面,都作了透彻的探查、剖析;又是那样无情地、不厌其烦地,从不同侧面、不同角度,"疑"了又"疑","问"了又"问","像海里的波浪一样,一波接一波,一浪叠一浪,

---

[1]《两地书·八》,《鲁迅全集》第11卷,第39页。
[2]《且介亭杂文末编·我要骗人》,《鲁迅全集》第6卷,第486页。
[3]《坟·我之节烈观》,《鲁迅全集》第1卷,第118—120、123—125页。

不息气地卷地而来,轰隆一声打上崖岸,成为粉碎,又回卷而逝"[1],思考极其周密,驳诘十分雄辩,既是锋不可当,又具有铁的逻辑说服力。

《论"费厄泼赖"应该缓行》,既是反驳对方,更注重正面立论。先分出"落水狗"有三种,论其"大都在可打之列",再从中分出叭儿狗,专论其"尤非打落水里,又从而打之不可";正面立论之后,又从反面"论不'打落水狗'是误人子弟的";再从"塌台人物不当与'落水狗'相提并论"这一侧面进一步论"不打落水狗"之"大错";然后,针对读者可能发生的"我们竟不要'费厄泼赖'么"的疑问,"论现在还不能一味'费厄'";最后正面提出自己的原则:"论'即以其人之道还治其人之身'。"全篇一论、二论、三论……以至于六论,也是从不同侧面仔细地条分缕析,反复论证,做到了颠扑不破,无懈可击。

鲁迅的"多疑"更表现了对事物表面价值、表面形态的不信任,这实质是对于事物现象与本质的差异、矛盾的一种直观把握。如上所述,在鲁迅生活的20世纪的中国,这种现象与本质的差异、矛盾达到了十分尖锐的程度,具有多样性与多变性的特点。鲁迅对于事物多层次、多侧面的考察,不得不集中于正与反两个侧面、表与里两个层次上,达到了对正反(表里)两极对立的极为深刻与广泛的认识与把握。

鲁迅在与现实生活中的"上等绅士"长期交战的结果中,得出一个"做戏的虚无党"的概念:"中国的一些人,至少是上等人,他们的对于神,宗教,传统的权威……是什么也不信从的,但总要摆出和内心两样的架子来。……虽然这么想,却是那么说,在后台这么做,到前台又那么

---

[1] 这是郭沫若论韩非文风特点的一段著名文字(见郭著《十批判书·韩非子的批判》),读鲁迅的文章也有类似的感受,绝非偶然。

做……。将这种特别人物,号称为'做戏的虚无党'。"[1]——这里显现出来的是言论与行动,口头宣言与实际意图,前台与后台的正反(表里)对立。

这是鲁迅在《狂人日记》里的重大发现:"我翻开历史一查,这历史没有年代,歪歪斜斜的每页上都写着'仁义道德'几个字。……仔细看了半夜,才从字缝里看出字来,满本都写着两个字是'吃人'。"[2]——这是表面形态与内在本质的正反(表里)对立。

在《由中国女人的脚,推定中国人之非中庸,又由此推定孔夫子有胃病》这篇奇文里,他又有了新的发现:"人必有所缺,这才想起他所需",并且举例说:"我们平时,是决不记得自己有一个头,或一个肚子,应该加以优待的,然而一旦头痛肚泻,这才记起了他们,并且大有休息要紧,饭食小心的议论。倘有谁听了这些议论之后,便贸贸然决定这议论者为卫生家,可就失之十丈,差以亿里了。倒相反,他是不卫生家,议论卫生,正是他向来的不卫生的结果的表现。"[3]由此,鲁迅引出一个结论:"圣人为什么大呼'中庸'呢?曰:这正因为大家并不中庸的缘故。"[4]——这就是表面宣扬与实际欠缺之间的正反(表里)对立。

鲁迅在《魏晋风度及文章与药及酒之关系》中研究魏晋时代知识分子,作出了极为独到的心理分析:"嵇阮的罪名,一向说他们毁坏礼教。但据我个人的意见,这判断是错的。魏晋时代,崇奉礼教的看来似乎很不错,而实在是毁坏礼教,不信礼教的。表面上毁坏礼教者,实则倒是承认礼教,太相信礼教。因为魏晋时所谓崇奉礼教,是用

---

1 《华盖集续编·马上支日记》,《鲁迅全集》第3卷,第328页。
2 《呐喊·狂人日记》,《鲁迅全集》第1卷,第425页。
3 《南腔北调集·由中国女人的脚,推定中国人之非中庸,又由此推定孔夫子有胃病》,《鲁迅全集》第4卷,第507页。
4 同上。

以自利……于是老实人以为如此利用,亵渎了礼教,不平之极,无计可施,激而变成不谈礼教,不信礼教,甚至于反对礼教。"[1]——这里已经涉及意识与潜意识的正反对立。阮籍、嵇康等对于礼教,意识中是憎,潜意识却是爱:憎之烈正是爱之深。

正是出于对现实生活与社会心理中大量存在的正反对立现象的深刻观察,鲁迅提出了"推背图"式的思考方法,即"从反面来推测未来的情形"[2]。用"正面文章反看法",鲁迅对于他所生活的时代里的纵横捭阖的现实政治与变幻莫测的险恶人心,常常作出极为犀利的判断与剖析。

例如:

自称盗贼的无须防,得其反倒是好人;自称正人君子的必须防,得其反则是盗贼。[3]

一,自称"铁血""侠魂""古狂""怪侠""亚雄"之类的不看。二,自称"蝶栖""鸳精""芳侬""花怜""秋瘦""春愁"之类的又不看。三,自命为"一分子",自谦为"小百姓",自鄙为"一笑"之类的又不看。四,自号为"愤世主""厌世主人""救世居士"之类的又不看。[4]

损着别人的牙眼,却反对报复,主张宽容的人,万勿和他接近。[5]

我们所认为在崇拜偶像者,其中的有一部分其实并不然,他本人原不信偶像,不过将这来做傀儡罢了。和尚喝酒养婆娘,他最不信天堂地狱。巫师对人见神见鬼,但神鬼是怎样的东西,

---

1 《而已集·魏晋风度及文章与药及酒之关系》,《鲁迅全集》第3卷,第513页。
2 《伪自由书·推背图》,《鲁迅全集》第5卷,第91页。
3 《而已集·小杂感》,《鲁迅全集》第3卷,第531页。
4 《集外集拾遗补编·名字》,《鲁迅全集》第8卷,第99页。
5 《且介亭杂文末编·死》,《鲁迅全集》第6卷,第612页。

他自己的心里是明白的。[1]

例如近几天报章上记载着的要闻罢：
一，××军在××血战，杀敌×××××人。
二，××谈话：决不与日本直接交涉，仍然不改初衷，抵抗到底。
……
倘使都当反面文章看，可就太骇人了。[2]

这样的观察、剖析确实深刻得可怕，简直令人毛骨悚然。这种以正反对立形态表现出来的矛盾辩证法，带有特定历史时代——矛盾空前尖锐、激烈，也空前明朗化、简化的时代特点。而它所具有的实践经验的直观性特点也是突出的。

我们当然不能对鲁迅"正面文章反面看"的命题作机械的绝对的理解；它实质上是反映了鲁迅多疑思维的一个重要特点：特别善于窥探、洞察人们表面行为、言辞背后的隐秘心理，当事人或者不察，或者察而不便言，不愿言，不敢言，鲁迅却一语道破，就不免遭到嫉恨。鲁迅自己也说："'察见渊鱼者不祥'，……总没有好结果，这是我早经知道的。"[3]

鲁迅对人们日常生活中司空见惯的言谈，所隐藏着的时代心理、民族心理的挖掘，所达到的深度，是令人惊异的。最著名的例子，莫过于对"国骂"的心理剖析。诚如鲁迅所说："无论是谁，只要在中国过活，便总得常听到'他妈的'或其相类的口头禅"[4]，但又有谁能够一眼看透在这"国骂"的背后，却隐藏着封建等级、门第制度所造成的扭曲而不

---

1 《集外集拾遗补编·通信》，《鲁迅全集》第8卷，第224页。
2 《伪自由书·推背图》，《鲁迅全集》第5卷，第91—92页。
3 《华盖集续编·不是信》，《鲁迅全集》第3卷，第222页。
4 《坟·论"他妈的"》，《鲁迅全集》第1卷，第231页。

免"卑劣"的反抗心理呢？鲁迅说："中国人至今还有无数'等'，还是依赖门第，还是倚仗祖宗。倘不改造，即永远有无声的或有声的'国骂'。"[1]

这论断至今仍有生命力，固然证明了鲁迅剖析的深刻，却不能不说是我们民族的大悲哀。

鲁迅对中国人爱看"男人扮女人"的心理分析也是十分透辟的："男人看见'扮女人'"，"女人看见'男人扮'"，这似男非男、似女非女的艺术正是"中国的最伟大最永久，而且最普遍的艺术"[2]，它不仅表现了中庸之道下的中国民族病态心理，而且反映了在封建性压抑下的性病态。此种心理是人们不敢正视的，鲁迅一说，就成了"刻薄"。

《晨凉漫记》中对张献忠杀人心理的分析也是使许多人惊叹不已的："他其实是别有目的。他开初并不很杀人，他何尝不想做皇帝。后来知道李自成进了北京，接着是清兵入关，自己只剩了没落这一条路，于是就开手杀，杀……他分明的感到，天下已没有自己的东西，现在是在毁坏别人的东西了，这和有些末代的风雅皇帝，在死前烧掉了祖宗或自己所搜集的书籍古董宝贝之类的心情，完全一样。"[3] 鲁迅所概括的实际上是人类历史上一切没落者（特别是没落的统治者）疯狂行为背后的共同的心理上的衰弱。即使是在心理的挖掘上，鲁迅也达到了历史具体性与历史概括性的高度统一。

由于鲁迅的观察、分析往往超出常人，他的文章也就不免遭误解的厄运。《花边文学》中的《倒提》一文引起的历史公案即是一例。当时的上海公共租界工部局曾经作出不许倒提鸡鸭在路上走，违者即拘入捕房罚款的规定。"于

---

[1]《坟·论"他妈的"》，《鲁迅全集》第1卷，第234页。
[2]《坟·论照相之类》，《鲁迅全集》第1卷，第187页。
[3]《准风月谈·晨凉漫记》，《鲁迅全集》第5卷，第235—236页。

是有几位华人便大鸣不平,以为西洋人优待动物,虐待华人,至于比不上鸡鸭。"[1]这类不平与抗议,乍一看似属民族自尊心的表现,应无可非议,但多疑的鲁迅却从表面的慷慨激昂中察觉到一种潜在的微妙心理:仍希望依靠洋人的"恩典",获得鸡鸭一样的地位,即使"不妨变狗",也不肯用自己的力量来为自己争取人应有的权利。鲁迅的这一观察已经深入到了人的心理更深层次的潜意识,自然为习惯于直线地、表面地观察问题的不成熟的革命者所不解,于是,发生了"林默"(即廖沫沙)的"攻击"与鲁迅的"反击":鲁迅是因为"战友"的误解而感到分外痛苦的。它所反映的两种思维方式的深刻差异,是先驱者的鲁迅与同时代的幼稚的革命者之间矛盾的一个重要方面。

四

这里有一个有趣的对比。

1923年,俄国盲诗人爱罗先珂来北京,曾写文章对北京大学生演剧有所批评;当时的北大学生魏建功写了《不敢盲从》一文反驳,语多轻薄,甚至在"看"、"观"、"盲从"这类字眼上作人身攻击式的暗示。此文引起了周氏兄弟的强烈反应,先后写了文章。周作人的文章委婉地表示:"我希望大家对于爱罗君一方面不要崇拜他为超人的英雄,一方面也不要加以人身的攻击,即使当作敌人也未始不可,但必须把他当作人看,而且不可失了人间对待残疾人的礼仪。"[2]鲁迅则不同,他尖锐地抨击、嘲讽文章的作者,指其为"生长在旧的道德和新的不道德里,借了新艺术的名

---

1 《花边文学·倒提》,《鲁迅全集》第5卷,第490页。
2 周作人:《爱罗先珂君的失明》,《晨报副镌》1923年1月17日,收《周作人集外文》(上集),海南国际新闻出版中心,1995年,第490页。

而发挥其本来的旧的不道德的少年"[1]。和周作人温和敦厚的批评比较起来，鲁迅的笔确实是尖刻的。鲁迅的尖刻正是表现在：他对魏建功文章所作出的判断出于常人想象之外的严峻，初初一看，甚至不尽合乎情理，仔细思量，却分明揭示出问题的本质，比周作人的温和判断，要深刻得多。显然，这里存在两种思考、分析问题的方式：就事论事的分析与更注重事物本质的分析。

鲁迅曾经说过："我的坏处，（是）砭锢弊常取类型"，"盖写类型者，于坏处，恰如病理学上的图，假如是疮疽，则这图便是一切某疮某疽的标本"[2]。这就是说，鲁迅的思维是从具体的人与事（"这一个"）出发的，但他的思考绝不停留于"这一个"，而是将其放在广阔的时代、社会、历史背景下进行剖析，竭力排除其个别性、具体性、特殊性，快刀斩乱麻地迅速切入本质，使其成为具有历史概括性、普遍性的"这一类"的"标本"。这种从个别现象立即切入本质的整体概括的思维方式，借用杜勃罗留波夫的话说，就是"在看到一件事物的一瞬间，就能够从许多偶然性中，区别出它的基本特征"[3]。或者如周作人所说，一下"抓住事件的核心，仿佛把指甲狠狠的掐进肉里去"[4]，具有刀锋一般锐利、明快的优点[5]，为鲁迅在论战中所常用。鲁迅批评"历举对手之语，从头至尾，逐一驳去"的论战方法，以为"虽然犀利，而不沉重"，并把自己的论战方法概括为

---

1 《集外集拾遗补编・看了魏建功君的〈不敢盲从〉以后的几句声明》，《鲁迅全集》第8卷，第116页。
2 《伪自由书・前记》，《鲁迅全集》第5卷，第4页。
3 〔俄〕杜勃罗留波夫：《黑暗的王国》，《外国理论家、作家论形象思维》，钱锺书等译，中国社会科学出版社，1979年，第91页。
4 周作人：《知堂回想录・一七九》，香港三育图书文具公司，1979年，第580页。
5 值得注意的是，鲁迅对马克思主义哲学的评价："那是极直捷爽快的，有许多暧昧难解的问题，都可说明"（《鲁迅全集》第11卷，第629页），这正说明，鲁迅式的"尖刻"的思维方式与马克思主义思维方式之间，存在着某种内在相通之处，鲁迅接受马克思主义的影响也是有其内在的思维逻辑的。

"正对'论敌'之要害,仅以一击给与致命的重伤"[1],所说的也是不纠缠于具体现象上的细枝末节(那是一种烦琐哲学),尽快地舍弃次要的、个人的东西,而采取直逼本质(突出而集中,迅速而明确地发现与抓住事物的要害所在)的简洁、明快的战术。鲁迅时代斗争的尖锐性,以及战士的可贵[2],决定了论战必须重质而不重量,要"剧毒"而非"小毒",一击而制之死命,这与毛泽东的"战略上的持久战,战术上的速决战"、"集中优势兵力,击其要害而全歼之"的军事辩证法思想确有异曲同工之妙。我们读鲁迅的论战文章,常常发现,面对对手洋洋洒洒的宏文伟论,鲁迅仅还以匕首般的短文,三言两语而击中要害,致使对手再无招架、还手的余地。而鲁迅的批判,例如在"庄子与文选"论争中将施蛰存斥为"洋场恶少",两个口号论争中称周扬为"奴隶总管",就具体的人与事而言,确有过苛之病;但如排除个别性与特殊性,跳出具体的人事关系,作为一种"社会典型",却又是极其深刻的。读者每每不察,总以意气之争论之,鲁迅当年即已发出感慨:"足见读者的判断,亦幼稚者居多也"[3];谁知今天又如何呢?

鲁迅的"多疑"与"尖刻"两种思维方式,前者细密,注重多侧面、多角度、多层次地展现事物本质表现的多样性、多变性、复杂性,与个别特殊性,是一种小说艺术家的模糊型的思维,它的语言表达方式带有很大的曲折性;后者锐利,注重事物总体的、本质的直接揭示,常快刀斩乱麻式地排除偶然性、个别性,是一种战略家、策略家的明快型的思维,它的语言表达方式具有明确性。两种思维方式互相补充:无前者,后者易流于独断;无后者,前者

---

1 《两地书》,《鲁迅全集》第11卷,第40页。
2 鲁迅在《华盖集续编·空谈》里说:"战士的生命是宝贵的","在战士不多的地方,这生命就愈宝贵"(《鲁迅全集》第3卷,第281页)。
3 《书信·340522·致杨霁云》,《鲁迅全集》第12卷,第423页。

易流于繁琐。鲁迅曾经提醒人们要警惕"科学家似的专断","哲学家似的玄虚"与"一般文学论者的繁碎"[1],这说明鲁迅在思维方式上是有自觉追求的;他并且指出:"怀疑并不是缺点。总是疑,而并不下断语,这才是缺点"[2],他确实在追求着"疑"与"断"的结合,兼两种思维方式的长处而有之,多谋而善断,显示出时代的大智与大勇[3]。

五

增田涉在鲁迅后期与鲁迅有过较为切近的接触,他的观察每有独到之处。他在论及鲁迅的"多疑"时,提出了一个颇有启发性的意见:"所谓多疑,另一面也可说是想象力丰富。"[4]人们往往注目于艺术家的鲁迅丰富的想象力,却忽视了社会科学与自然科学的发展,同样需要想象力。鲁迅的许多判断(特别是推测性的判断),正是仰赖于以丰富的人生经验,包括以此为基础的想象力——首先是一种极其广阔的联想力。

鲁迅一般不大谈论自己思想(或某个判断)的形成过程;偶有涉及,即弥足珍贵。例如,他在《庆祝沪宁克复的那一边》中的一段叙述,就很有意思:

……动起笔来,总是离题有千里之远。即如现在,何尝不想写得切题一些呢,然而还是胡思乱想,像样点的好意思总像断线风筝似的收不回来。忽然想到昨天在黄埔……忽而想到十六年前……忽而又想到香港《循环日报》上所载……[5]

在另一篇著名杂文《说胡须》里,对于自己思路的发

---

1 《译文序跋集·〈苦闷的象征〉引言》,《鲁迅全集》第10卷,第232页。
2 《且介亭杂文末编·我要骗人》,《鲁迅全集》第6卷,第486页。
3 无独有偶,毛泽东也很强调"多谋善断",在这一点上,他们确有相通之处。
4 〔日〕增田涉:《鲁迅的印象》,《鲁迅回忆录》(下),北京出版社,1999年,第92页。
5 《集外集拾遗补编·庆祝沪宁克复的那一边》,《鲁迅全集》第8卷,第1页。

展也有类似的描述：

> 我一面剪，一面却忽而记起长安，记起我的青年时代，发出连绵不断的感慨来……[1]

值得注意的是，这种"连绵不断"的联想所具有的广阔性：既是"时间"的开拓（"昨天"—"十六年前"；现在—"青年时代"），又是"空间"的开拓（"黄埔"—"香港"；"北京"—"长安"），这是对处于不同时间与空间下的极不相同的事物的内在广泛联系的一种发现，是作家观照范围的空前拓广。更重要的是，它显示了一种新的时空观，显示了对人的本质、生活的本质的一种新的认识。在鲁迅这里，人与生活都打破了局限在狭小的时间与空间范围的封闭状态，而是既和过去，也与未来相联结的历史环节，用鲁迅自己的话来说，"人多是'生命之川'之中的一滴，承着过去，向着未来"[2]，同时又是处于与无限广阔的世界、宇宙相联结的开放状态之中。

鲁迅一再提醒人们注意"现在"（"现实"）与"过去"（"历史"）之间所存在的时间的交叉，渗透与转化："历史上都写着中国的灵魂，指示着将来的命运"[3]；"祖母的模样，就预示着那娃儿的将来。所以倘有谁要预知令夫人日后的丰姿，也只要看丈母"[4]；"试将记五代，南宋，明末的事情的，和现今的状况一比较，就当惊心动魄于何其相似之甚，仿佛时间的流驶，独与我们中国无关"[5]。由此而形成了鲁迅极其深沉的历史感，以及"挖祖坟"、"翻老账"的历史比较的思考方式，即如冯雪峰所说，他对现实问题

---

1 《坟·说胡须》，《鲁迅全集》第1卷，第174页。
2 《集外集拾遗·〈十二个〉后记》，《鲁迅全集》第7卷，第300页。
3 《华盖集·忽然想到（四）》，《鲁迅全集》第3卷，第17页。
4 《华盖集·这个与那个》，《鲁迅全集》第3卷，第139页。
5 《华盖集·忽然想到（四）》，《鲁迅全集》第3卷，第17页。

的思考、探索，常注意于"历史的、意识形态的根源的深远"[1]。

鲁迅对于处于不同空间（乃至同一空间）里人的心灵的隔绝尤感痛苦，热烈地期待着空间（首先是人的生存空间与精神空间）的互相联结、渗透，而他自己的内心世界则无比开阔，不仅超越了时间，而且超越了空间。一位青年学生说得很好：鲁迅的"思维覆盖面是有着全人类的广度与历史的纵深的"[2]。

几乎鲁迅的每一篇著作都是融古今中外为一炉，表现时间与空间的重叠，渗透与交融，是在无限开阔的全新的时空坐标上展示人与人间的种种：时间——从古代直至未来；空间——从所在的生存空间伸向世界任何角落，乃至宇宙，与幻想的非现实的空间。你看鲁迅的《狗·猫·鼠》，忽而动物王国，忽而人世间；忽而"人禽之辨"不严的远古，忽而仇猫杀狗的现实；忽而日本传说中的"猫婆"，中国古代的"猫鬼"，忽而太平洋彼岸美国小说里的"黑猫"；忽而猫与老虎的斗智，忽而"老鼠成亲"的仪式[3]。

你再看《无常》：阳间的"模范县"跳踉着鬼贼，"公正的审判是在阴间"，活人脸上遍布"鬼气"，"人冥作了鬼，倒会增加人气"[4]。——在鲁迅的观察视野里，现实空间与非现实空间混沌无界。

还有《故事新编》，更是超越了时空，历史与现实相互交叉，互相渗透，影响，结合。甚至在《随感录·三十五》这样的短章里，成汤、周文王、周武王、周公，春秋战国、五胡十六国的古人，以及清末爱国志士，"保存国粹"的民

---

1 冯雪峰：《鲁迅和俄罗斯文学的关系及鲁迅创作的独立特色》，《雪峰文集》第4卷，人民文学出版社，1983年，第59页。
2 王晓蒙（北京大学学生）：《我心目中的鲁迅》（试卷）。
3 《朝花夕拾·狗·猫·鼠》，《鲁迅全集》第2卷，第232—237页。
4 《朝花夕拾·无常》，《鲁迅全集》第2卷，第270、274页。

国复古家……也都相互重叠在一千五百字的文字空间里。鲁迅思想与艺术的野马无拘无束地驰骋在无始无终、无边无际的时空里,表现着思想的开阔与自由,更表现着心灵的开阔与自由。

这样的包容存在于一切空间与时间的万事万物的开阔与自由,更表现了对互相联系的世界整体性的把握:这是一种建立在现代科学进步基础之上的现代思维。鲁迅早在20世纪初,当现代科学的伟大变革初露锋芒时,已敏锐地觉察到了现代科学发展必然引起的人类思维方式的变革。在发表于1903年的《说鈤》里,鲁迅对于居里夫人刚刚宣布的镭的发现以极高的评价,指出其最大意义在于"关于物质之观念,倏一震动,生大变象"[1],即打破了"分割物质之达于究极"[2]、不可分的形而上学观念。在1907年发表的《人之历史》里,鲁迅更以极大的热情,介绍了达尔文进化论,施莱登、施照的细胞学说,康德关于太阳系起源的星云假说,以及海克尔(鲁迅译作黑格尔)《人类种族的起源和系统论》等现代科学最新成就,欢呼一种新的世界图景的诞生:"有生无生二界,且日益近接,终不能分,无生物之转有生,是成不易之真理。"[3]在1908年所写的《科学史教篇》里,鲁迅又对西方科学发展历史过程中的思维方法(如培根的归纳法与笛卡儿的演绎法)予以特殊的关注,并且指出:"盖科学者,以其知识,历探自然见象之深微,久而得效,改革遂及于社会,继复流衍,来溅远东,浸没震旦,而洪流所向,则尚浩荡而未有止也。"[4]鲁迅显然已经预见到,现代科学对于处于封闭的生存空间与思维空间的中国思想界,必将产生巨大的冲击。20世纪世界整

---

[1] 《集外集·说鈤》,《鲁迅全集》第7卷,第25页。
[2] 同上。
[3] 《坟·人之历史》,《鲁迅全集》第1卷,第17页。
[4] 《坟·科学史教篇》,《鲁迅全集》第1卷,第25页。

体性的形成,要求着整体性的思维方式;鲁迅所具有的广阔的联想力,以及打破时空界限,融古今中外为一炉,出入于现实世界与非现实世界的整体性思维,正是体现了20世纪人类思维发展的历史趋向。

六

　　法国启蒙学者伏尔泰把"想象"区分为"消极想象"与"积极想象",前者只是"简单地保存对事物的印象",后者则"把彼此不相干的事物联系在一起,把混合在一起的事物分离开","将这些意象千变万化地排列组合"[1],这是形象改造的能力。鲁迅的思维当然是一种"积极想象";作为一个富有创造性的喜剧艺术家,他的想象个性是在特别善于借荒诞的相似来比拟,造成一些最意想不到的新颖的组合,以形象的变形,显示更本质的真实。鲁迅认为讽刺艺术的精髓在于"确切"地抓住事件或人物的"精神"而加以"廓大"[2],从而达到"神情毕肖"的境界[3]。这同样也能说明鲁迅积极想象的思维的特点:他之所以能够把在外观形式上离异最远,似乎不可能有任何联系的人与事联结在一起,正是因为他敏锐地抓住了两者之间内在相通的神似。"形"的离心力与"神"的向心力,形成具有强烈反差的张力场,作家的想象力驰骋其间,显得优裕自如;鲁迅说,这需要"明确的判断力"[4],在鲁迅则常常表现为以丰富的人生阅历为基础的思想与艺术的直觉、灵感,以致成为一种思维习惯。

　　1927年,鲁迅在《语丝》上发表《匪笔三篇》,有一

---

[1] 〔法〕伏尔泰:《哲学词典·想像条》,转引自《外国理论家、作家论形象思维》,中国社会科学出版社,1979年,第30页。
[2] 《且介亭杂文二集·漫谈"漫画"》,《鲁迅全集》第6卷,第233、234页。
[3] 《且介亭杂文二集·五论"文人相轻"——明术》,《鲁迅全集》第6卷,第382页。
[4] 同上书,第383页。

个简短的前言,典型地说明了鲁迅这种思维的特点:

> ……七月末就收到了一封所谓"学者"的信,说我的文字得罪了他,"拟于九月中回粤后提出诉讼,听候法律解决"。且叫我"暂勿离粤,以俟开审"。命令被告枵腹恭候于异地,以候自己雍容布置,慢慢开审,真是霸道得可观。第二天偶在报纸上看见飞天虎寄亚妙信,有一"提防剑仔"的话[1],不知怎地忽而欣然独笑,还想到别的两篇东西,要执绍介之劳了。这种拉扯牵连,若即若离的思想,自己也觉得近乎刻薄。[2]

学者的书札,与土匪的撕票报告,骗子相命家的"致信女某书",流氓的恫吓信之间,本不可能有任何牵涉,把它们连起来想本身就有辱没圣贤之嫌;现在却不但想,而且在文字上"拉扯牵连"在一起,可谓大逆不道且荒谬之至。但只要细细一想,就会发现:学者的杀机暗含的霸道与自以为得计的愚蠢,和土匪、骗子、流氓的行径,又何其神似。这外在身份、地位的"若离"与内在本质的"若即",是不能不令人"欣然独笑"的。而且这样一来,原来学者们恩赐给鲁迅的"学匪"、"文氓"之类的恶谥,也可物归原主,正人君子之流"麒麟皮"下终于露出"马脚",这又是何等痛快淋漓呢!这确实"近乎刻薄":深刻揭示本质,而丝毫不留情面。

在鲁迅著作中这类"拉扯牵连,若即若离"的深刻的荒诞联想,几乎是俯拾皆是的。

例如,文人雅士的小品"遍满小报的摊子上",与"烟花女子,已经不能在弄堂里拉扯她的生意,只好涂脂抹粉,在夜里蹩到马路上来了"[3];"'民族主义文学'的发扬踔厉,

---

[1]《鲁迅全集》注:"剑仔",广东话:匕首。
[2]《三闲集·匪笔三篇》,《鲁迅全集》第4卷,第42页。
[3]《南腔北调集·小品文的危机》,《鲁迅全集》第4卷,第576页。

或慷慨悲歌的文章",与"落葬的行列里","用热闹来掩过了这'死'"的"悲哀的哭声"和"壮大的军乐"[1];高等华人的生意经与吃白相饭朋友的"揩油"[2];文坛高士的"归隐"与官场俗子的"噉饭之道"[3];圣人的中庸之道与中国女人的小脚[4];"批评家"砍杀杂文的高论与孔雀翘尾巴露出的屁眼[5];失势的党国元老与宫女泄欲余下的"药渣"[6];庄严的"现代史"与骗人的变戏法[7],等等。在鲁迅的联想的两端,一端是高贵者及其神圣殿堂,一端全是地上"最不干净的地方"[8],经鲁迅的妙笔"牵连",后者越是为前者所不齿,越是要追摄其魂,直追至天涯海角:怎么也摆不脱。

这种联想,不但作者自身是极其严肃的,而且如实地揭示了事物的本质;但是,"说出来么,那就是'刻毒'"[9]。

七

鲁迅的思想与艺术,诚然是"刻毒"的;这深刻、毒辣的思想、艺术风格的形成,有着社会历史的深远背景,也有着深厚的历史文化的渊源:它表现了鲁迅与中国传统文化内在联系的一个重要方面。

人们首先想起的自然是所谓"绍兴师爷笔法"。在著名的女师大风潮论战中,陈西滢曾经称鲁迅为"做了十几年官的刑名师爷"[10],这显然含有大不敬之意。但我们如果

---

1 《二心集·"民族主义文学"的任务和运命》,《鲁迅全集》第4卷,第310—319页。
2 《准风月谈·揩油》,《鲁迅全集》第5卷,第254页。
3 《且介亭杂文二集·隐士》,《鲁迅全集》第6卷,第224页。
4 《南腔北调集·由中国女人的脚,推定中国人之非中庸,又由此推定孔夫子有胃病》,《鲁迅全集》第4卷,第504—508页。
5 《花边文学·商贾的批评》,《鲁迅全集》第5卷,第563页。
6 《伪自由书·新药》,《鲁迅全集》第5卷,第124页。
7 《伪自由书·现代史》,《鲁迅全集》第5卷,第89页。
8 《且介亭杂文末编·答托洛斯基派的信》,《鲁迅全集》第6卷,第588页,此处为借用。
9 《伪自由书·从幽默到正经》,《鲁迅全集》第5卷,第45页。
10 陈西滢:《致志摩》,《六十年来鲁迅研究论文选》(上),中国社会科学出版社,1982年,第43页。又,据《鲁迅全集》注:清代官署中承办刑事判牍的幕僚,叫"刑名师爷",一般善于舞文弄法,往往能左右人的祸福。

排除论战中所特有的感情成分,作客观的考察,那么,应该承认,在思维方式与相应的文字表现上,鲁迅与绍兴师爷传统,确实存在着某种继承关系。

鲁迅自己似乎也并不否认这种联系;这是有文为证的。当年,为回答陈西滢的"刑名师爷"论,鲁迅说了这样一段话:

《一束通信》的主要部分中,似乎也承情没有将我"流"进去,不过在后屁股的《西滢致志摩》是附带的对我的专论,虽然并非一案,却因为亲属关系而灭族,或文字狱的株连一般。灭族呀,株连呀,又有点"刑名师爷"的口吻了,其实这是事实,法家不过给他起了一个名,所谓"正人君子"是不肯说的,虽然不妨这样做。此外如甲对乙先用流言,后来却说乙制造流言这一类事,"刑名师爷"的笔下就简括到只有两个字:"反噬"。呜呼,这实在形容得痛快淋漓。然而古语说:"察见渊鱼者不祥",所以"刑名师爷"总没有好结果,这是我早经知道的。[1]

"简括"而又"形容得痛快淋漓","察见渊鱼":这都已经涉及刑名师爷作为一种特殊的社会职业所特具的思维方式与表现方式;而鲁迅对此显然是熟悉并且持肯定态度的。

事隔这场论战十年之后,鲁迅在总结包括他自己在内的论战经验时,再一次谈到了这种"简括"的思维方式与表现方式,他指出:"批评一个人,得到结论,加以简括的名称",即"诨名","原是极利害,极致命的法术";"这正如传神的写意画,并不细画须眉,并不写上名字,不过寥寥几笔,而神情毕肖","提挈这人的全般","名号一出,就是你跑到天涯海角,它也要跟着你走"[2]。鲁迅在总结这

---

[1]《华盖集续编·不是信》,《鲁迅全集》第3卷,第222页。
[2]《且介亭杂文二集·五论"文人相轻"——明术》,《鲁迅全集》第6卷,第382、383、384页。

种"简括"的思维方式及相应表现手法的发展历史时指出:其起源是"从汉末到六朝之所谓'品题'","直到后来的讼师,写状之际,还常常给被告加上一个诨名,以见他原是流氓地痞一类";"五四时代的所谓'桐城谬种'和'选学妖孽'……形容惬当,所以这名目的流传也较为永久","到现在,和这八个字可以匹敌的,或者只好推'洋场恶少'和'革命小贩'了罢"[1]。这已经是鲁迅自己的创造了。

从鲁迅十年之中的一再论述,可以看出鲁迅创造性思维与绍兴刑名师爷传统的继承,当然不是简单的"取诨名"的手法,而是一种善于察视事物隐匿方面("察见渊鱼")的锐利观察力;善于透过纷纭复杂的现象,迅速切入本质,"简括"的提炼,敏捷而明确的判断力,以及从整体上把握事物,"提挈全般"的"写意"式的思维方式。这种思维的特点,是深刻与简明、锐利的统一,它同时表现为一种严峻的人生态度。周作人曾经说,"世人所通称的'师爷气'",即指一种"法家的苛刻的态度",它"并不限于职业,却弥漫及于乡间,仿佛成为一种潮流";周作人并且自责说:虽"想混迹于绅士淑女之林,更努力学为周慎","无如旧性难移,燕尾之服终不能掩羊脚,检阅旧作,满口柴胡,殊少敦厚温和之气;呜呼,我其终为'师爷派'矣乎?"[2]鲁迅显然并无周作人这种动摇与忏悔;他是以"满口柴胡",殊少儒家"敦厚温和之气"为荣的;"师爷气"云云,鲁迅根本无须,也不想回避。

周作人在《雨天的书·序二》里强调"师爷气"影响所及,在浙东一带形成"一种潮流",这是值得注意的。周作人在《地方与文艺》一文里对此有更详细的申说。他认为"近

---

[1]《且介亭杂文二集·五论"文人相轻"——明术》,《鲁迅全集》第6卷,第382、383、384页。
[2] 周作人:《雨天的书·序二》,岳麓书社,1987年,第3页。

来三百年",浙江思想界与文艺界"有两种潮流",一为"飘逸","如名士清谈,庄谐杂出,或清丽,或幽玄,或奔放,不必定含妙理而自觉可喜";另一为"深刻","如老吏断狱,下笔辛辣,其特色不在词华,在其着眼的洞彻与措语的犀利"[1]。周作人并且指出,前者以徐渭、王季重、张岱、袁枚、李慈铭、俞樾为代表,后者代表人物则有毛西河、章学诚、赵之谦与章太炎等。鲁迅在自己的文章里,也曾谈及这两派人物如章学诚与袁枚,李慈铭与赵之谦之间的论争"如水火之不可调和"[2]。周作人与鲁迅分别继承与发展了近代浙江文人传统中的飘逸与深刻两派,也是明显的事实。

更值得注意的是,无论是鲁迅,还是周作人,在论及"师爷气"时,都把它与法家联系在一起。周作人在新中国成立后,写过一篇文章,把这层意思说得更清楚:"师爷虽是为世诟病,毕竟也是从人民中出来的。他本身传受了师爷事业,其从父祖遗下的土气息泥滋味还是存在,这也是可以注意的事。师爷笔法的成分从文人方面来的是法家秋霜烈日的判断,腐化成为舞文弄墨的把戏,从人民方面来的是人生苦辛的经验,这近于道家的世故(特别是老子),为二者之中的主要分子,可以称为人民的智慧。"[3]周作人在这里明确地把"法家秋霜烈日的判断"作为"师爷笔法"的来源之一,是很有见地的。我们由此而联想起鲁迅对自己的思想所作的说明:"就是思想上,也何尝不中些庄周韩非的毒,时而很随便,时而很峻急。"[4]鲁迅所说的中韩非"峻急"之毒,按照我的理解,所指的正是这种法家的人生态度、思维方式及其外在表现形式,直接地、间接地

---

[1] 《谈龙集·地方与文艺》,岳麓书社,1989年,第10页。
[2] 《准风月谈·"中国文坛的悲观"》,《鲁迅全集》第5卷,第247页。
[3] 周作人:《目连戏的情景》,收《知堂集外文·〈亦报〉随笔》,岳麓书社,1988年,第443页。
[4] 《写在〈坟〉后面》,《鲁迅全集》第1卷,第285页。

（通过"师爷气"、"师爷笔法"这一中间环节）对他的思想、文字所发生的深刻影响。

在中国思想史上，法家作为鼓吹仁爱的儒家的对立面，它的思想的一个重要特点，就是毫不留情地揭去笼罩在残酷现实之上的温情脉脉的爱的面纱，以"清醒、冷静的理知态度"去看待人生。韩非的"人性恶"导致了他极端冷酷无情的利己主义，但对于人情世故的观察，却常常达到相当深刻的程度，由此而形成了他极端犀利的思想方法与文章风格。郭沫若对此有相当精彩的描述："他的头脑异常犀利，有时犀利得令人可怕。我们读他的《说难》《难言》那些文章吧，那对人情世故的心理分析是怎样的精密"[1]，"他能够以极普通的常识为根据，而道出人之所不能道，不敢道，不屑道。所以他的文章，你拿到手里，只感到他的犀利，真是其锋不可当"[2]。以上几个方面的特点，确实可以用"峻急"来概括；与前述"师爷气"、"师爷笔法"中的人生态度、思想方法、文章风格，存在着明显的内在联系，对鲁迅思想、文风的影响也有迹可寻。

周作人在文章里把老子的"世故"列为"师爷笔法"的来源之一，如实地反映了老子与法家之间的深刻联系，韩非子承接老子，是顺理成章的。所谓老子的"世故"，即指《老子》中所概括的充满政治辩证法因素的"帝王南面术"。鲁迅在与他所面对的反动统治阶级及其御用文人的斗争中，十分清醒地看到，这些现代"阔人"、"聪明人"的统治术，"是孔二先生的先生老聃的大著作里就有的"[3]。因此，他对老子"将欲弱之，必固强之；将欲废之，必固兴之；将欲夺之，必固与之"之类阴柔术，以及"鬼谷子"

---

[1] 郭沫若：《十批判书·韩非子的批判》，《郭沫若全集·历史编·二》，人民出版社，1982年，第352页。
[2] 同上书，第373页。
[3] 《华盖集·十四年的"读经"》，《鲁迅全集》第3卷，第128页。

这一类纵横家书里"可钳而从,可钳而横……可引而反,可引而覆。虽覆能复,不失其度"的谋略、手段,都曾结合现实,认真地考察,指出,类似的手段,"我们在社会上是时常遇见的","各种小纵横……就都是这'覆''复'作用"[1]。无论是道家的"帝王南面术",《鬼谷子》的"纵横术",还是绍兴师爷舞文弄墨的谋略,都是中国尖锐的政治斗争的产物。鲁迅曾一再感叹:改革者(包括他自己)"将对手看得太好了",因此,他给立志在中国进行改革的人们提出了一个任务:要了解自己的对手,"看透……造化的把戏"[2]。鲁迅通过对自古以来的统治术的研究,对于中国政治斗争的种种黑暗面,有着透彻的了解与充分的估计,因此,处在20世纪30年代那样复杂万端的政治旋涡中,鲁迅的头脑比任何人都要清醒,行动也更为坚决,这都不是偶然的。

周作人在谈论"师爷笔法"的思想来源的同时,强调它也包含了人民"人生苦辛的经验",是一种"人民的智慧"。这也是可以用来说明鲁迅思想的特征的。作为一个来自社会底层的思想家,一个与自己时代共同着命运的思想家,鲁迅的思想(包括他的以多疑与尖刻为特征的思维方式),归根结蒂,正是20世纪时代智慧的结晶,是人民智慧的集中体现;反过来,他又以自己富有个性特征的创造性的发挥,影响着现代中国人思维的发展,推动了我们民族思维现代化的历史进程。

  本文发表于《安顺师专学报》1987年第2期,
  原题为《鲁迅思维方式与中外文化关系的随想》

---

1 《华盖集·补白二》,《鲁迅全集》第3卷,第104页。
2 《野草·在淡淡的血痕中》,《鲁迅全集》第2卷,第222页。

与周氏兄弟相遇

周作人的民俗学研究
与国民性的考察

一

民俗学研究也是"五四"时期的显学之一,周作人无疑是中国民俗学的一位重要先驱者。

中国人是从日本那里知道民俗学的。据介绍,民俗学是1884年从欧洲传入日本的,当时,正是明治维新之后,日本学术界迫切要求向西方学习现代科学知识。民俗学最初传入日本时,与社会人类学、文化人类学乃至民族学、社会学都没有严格的区分。据周作人回忆他于1906年初到日本留学时,就是从人类学的角度接触民俗学的。他读了神话学人类学派学者安特路朗的《习俗与神话》《神话仪式与宗教》这两本书,思想上受到了极大震动。他后来回忆说:"我因了安特路朗的人类学派的解说,不但懂得了神话及其同类的故事,而且也知道了文化人类学","有些我们平常最不可解的神圣或猥亵的事项,经那么一说明,神秘的面幕倏尔落下"[1]。所谓神话学人类学派,即认为古代人"与今时某种土人其心理状态有类似之处"[2],因此,可以用今天在一些野蛮民族中"尚有存留的信仰推测古时(神话中)已经遗忘的意思"[3]。这种礼教习俗研究方法,最初就称之为"民俗学的方法"。据钟敬文介绍,"从二十年代到四十年代,我国神话、故事方面研究观点主要受到这一派的影响","这个学派是在达尔文的生物进化论正风靡学界的时候,把它应用到人文科学(原始文化史、神话学及故事学、民俗学

---

[1] 周作人:《我的杂学·八》,收《苦口甘口》,第70—71页,《周作人自编文集》,河北教育出版社,2002年,以下引述周作人文集均选自此版本。
[2] 周作人:《我的杂学·七》,收《苦口甘口》,第69页。
[3] 同上。

等）上来，而使这方面的研究面目一新的",它所采取的方法"是一种实证主义的方法,跟那些只凭思辨的方法是很不相同的。这也是此派成为比较科学的神话学、故事学的主要原因"[1]。周作人正是神话学人类学派的主要介绍者与倡导者之一。他于1912年至1914年间所写的《童话略论》《童话研究》《儿歌之研究》,特别是《古童话释义》,即是运用神话学人类学派的理论研究中国神话、传说与童话的最初尝试,也是我国最早的民俗学研究成果。也正是在写于1913年的《童话略论》里周作人明确指出,"童话研究当以民俗学为据,探讨其本原"。他在我国第一次提出了"民俗学"的概念——这时仍然没有与文化人类学、社会人类学严格区别开来。

差不多在周作人开始着手中国神话学、童话学研究的同时,1913年日本民俗学者柳田国男等人引人注目地开始了"乡土研究",其最大特点是注重下层人民,特别是农民的生活："不只是文献上的排比推测,乃是从实际的民间生活下手",注意民间传说、故事、民间歌谣的搜集、整理与研究[2]。正如周作人所说,"柳田对于儿童与农民的感情比得上任何人,他的同情与忧虑都是实在的"。明治末年,日俄战争之后,日本农村发生了极大变化,柳田目睹"古昔的传统的诗趣在今日都市生活里忽而断绝,下一代的国民就接受不着了事","平常人心情不被珍重纪录,言语文章的用法有苛酷的限制",这都引起了柳田的忧虑,周作人也深有"同感"[3]。于是,他的民俗学研究深深地打上了柳田国男"乡土研究"的烙印,使他于童话、神话、习俗的研究外,又注意到了平常人的日常生活方式及民间歌谣、

---

[1] 钟敬文：《钟敬文民间文学论集·后记》,上海文艺出版社,1985年,第523—524页。
[2] 周作人：《夜读抄·远野物语》,第11页。
[3] 周作人：《苦竹杂记·幼小者之声》,第123页。

传说的研究。1914年，他甚至在《绍兴县教育会月刊》上公开征集绍兴儿歌、童话，启事中言，"作人今欲采集儿歌、童话，录为一编，以存越国土风之特色，为民俗学研究、儿童教育之资材，即大人读之，如闻天籁，起怀旧之思"[1]，可见所受的柳田国男的影响。

20世纪初，周作人的上述活动尽管是中国现代民俗学研究的重要开端，但大多限于个人的兴趣；真正大规模的民俗学研究，是从"五四"时期开始的。

首先开展的是歌谣征集活动。1918年2月1日《北京大学日刊》发表《北京大学征集歌谣简章》，并且同时宣布由刘半农、沈尹默、周作人负责编辑，钱玄同、沈兼士考订方言。征集活动得到了蔡元培和北大广大师生的支持。短短两个月就收到歌谣一千一百余则，从5月末起在《北京大学日刊》上刊载，共148首。中间经过一番曲折，1920年12月19日北京大学歌谣研究会正式成立，由沈兼士、周作人共同主持。1922年12月17日举行歌谣征集成果展览会，并创刊《歌谣》周刊，由周作人、常惠等负责编辑。周作人亲自起草了《歌谣》发刊词，明确提出：

> 本会搜集歌谣的目的共有两种：一是学术的，一是文艺的。……歌谣是民俗学上的一种重要资料，我们把他辑录起来，以备专门的研究；这是第一个目的。……从这学术的资料之中，再由文艺批评的眼光加以选择，编成一部国民心声的选集。义大利的卫太尔曾说，"根据在这些歌谣之上，根据在人民的真感情之上，一种新的'民族的诗'也许能产生出来"，所以这种工作不仅在表彰现在隐藏着的光辉，还在引起未来的民族的诗的发展。

以后，根据周作人的建议，歌谣研究会又改名为"民

---

[1] 周作人：《征求绍兴儿歌童话启事》，载1914年1月20日《绍兴县教育会月刊》第四号。

俗学会"，扩大歌谣收集范围，一切方言、故事、神话、风俗等材料，俱在其列。1925年10月，周作人与钱玄同、常惠联合署名发表《征求猥亵的歌谣启》[1]，计划编辑《猥亵歌谣集》及《猥亵语汇》（后未果），以"从这里窥测中国民众的性的心理，看他们（也就是咱们）对于两性关系有怎样的意见与兴味"。正是在民俗学会的指导与推动下，更全面地展开了我国民俗学研究，并且很快出现了顾颉刚《孟姜女故事的演变》等一批最初成果；周作人为之作序的就有刘半农《江阴船歌》、刘经庵《歌谣与妇女》、林培庐《潮州畲歌集》、江绍原《发须爪》、谷万川《大黑狼的故事》等。

1924年11月《语丝》创刊，在周作人主持下，《语丝》十分重视民俗学研究。《语丝》上经常刊载中外民歌、民间故事及有关研究，以及民俗的整理与讨论。值得注意的是，《语丝》中上述民俗学资料的搜集与讨论，常与《语丝》作者所特别关注的"社会批评"与"文明批评"结合在一起，产生了很大影响。

20世纪30年代，我国民俗学研究又有了新的发展，研究中心逐渐南移，继广东中山大学成立民俗学会之后，南方许多省市相继成立类似组织[2]，其中以广东、杭州成绩最为显著，我国第二代的民俗学研究者迅速成长起来。周作人这时虽已不再担负组织、领导之职，但仍然十分关心民俗学研究，先后为柏烈伟译《蒙古故事集》、江绍原译《英吉利谣俗》、刘育厚译《朝鲜童话集》、娄子匡编述《中国新年风俗志》、林培庐辑《潮州七贤故事集》、霍显亭编述《儿童故事》等民俗学译著作序，对民俗学的理论时有精辟的

---

1 载1925年10月12日《语丝》第48期。
2 据周作人（署名周启明）《一点回忆》（载1962年12月4日《民间文学》1962年第6期）说，1936年在北平恢复了"歌谣整理会"。

阐发。周作人本人在20世纪三四十年代,也写有大量有关民俗学及中国民俗学史的论著。直到新中国成立后,周作人仍乐此不疲,写有不少有关民俗的散文,在海内外都产生了一定影响。我国民俗学的产生与发展,理所当然地是与周作人的名字连在一起的。

二

在我国,民俗学的研究从一开始就是"五四"时期"国民性改造"的探索的有机组成部分。周作人说:

歌谣是民族的文学。这是一民族之非意识的而是全心的表现,但是非到个人意识与民族意识同样发达的时代不能得着完全的理解与尊重。[1]

"五四"时期正是"个人意识与民族意识同样发达",也是人类意识觉醒的时代,人们正是以这样的觉醒的观点去看待民俗的意义。刘半农在顾颉刚编《吴歌甲集》序言里说:"这语言,风土,艺术三件事,干脆说来,就是民族灵魂";又说:"吃饭穿衣等事是全人类所共有的,所以要研究各民族特有的文明,要彻底了解各民族的实际,非求之于吃饭,穿衣等方面不可,而民歌俗曲,却便是这项研究的最真实最扼要的材料。"[2]事实上,"五四"时期的民俗学是以国民性的研究为其主要目的与内容的——它是以国民的生活整体(习俗、日常生活、信仰,以及民间文艺)为物件,进行社会学、心理学、人类学等多学科的综合研究,或者说是从民族生活史入手,研究与把握民族精神文化。

周作人对于中国民族文化(包括国民性)有一个独特

---

1 周作人:《谈龙集·〈潮州畲歌集〉序》,第46页。
2 刘半农:《〈吴歌集〉序》,《刘半农书话》,浙江人民出版社,1998年,第85页。

的观察,他认为,"国民文化程度不是平摊的,却是堆垛的,像是一座三角塔"[1]。民族精神文化在社会不同阶层中的发展是不平衡的,少数先觉者已经达到的水平,要在全民族全社会中普及,成为普遍的平均水平,是一个漫长的历史发展过程;周作人由此而得出一个重要的方法论结论:"研究中国文化,从代表的最高成绩看去固然是一种方法,但如从全体的平均成绩着眼,所见应比较地更近于真相。"[2]因此,他一再地告诫民俗研究工作者,要把研究"兴趣放到低的广的方面来","离开了廊庙朝廷,多注意田街坊巷的事,渐与田夫野老相接触"[3]。我们自然不难从这里看出"五四"时期"平民化"的社会、文化、文学潮流的影响。周作人自觉地将他着眼于"全体的平均成绩"的思想贯穿于他的全部民俗学研究中,从而得出了一些重要的富有独创性的思想与结论。

首先是关于中国民族的宗教观念。"平常讲中国宗教的人,总说有儒释道三教"[4],但在周作人看来,这是一个错误的观察。因为儒教所影响的主要是中国的上层社会、知识分子阶层,即使它对下层社会的影响,也还需要经过"道教"这一中间环节,佛教也"只剩了轮回因果几件和道教同化了的信仰还流行民间"[5]。周作人的结论是:"支配国民思想的已经完全是道教的势力"[6];"所谓道教,不是指老子的道家者流,乃是指有张天师做教主,有道士们做祭司的,太上老君派的拜物教"[7]。周作人一再提醒人们注意以下事实:"中国乡村的人","他们的教主不是讲春秋大义

---

[1] 周作人:《谈虎集・拜脚商兑》,第148页。
[2] 周作人:《看云集・拥护(达生编)等》,第131页。
[3] 周作人:《立春以前・十堂笔谈・九,风土志》,第143页。
[4] 周作人:《谈虎集・乡村与道教思想》,第222页。
[5] 同上。
[6] 同上。
[7] 同上。

的孔夫子,却是那预言天下从此太平的陈抟老祖"[1],而"中国读书人中间从前有两个偶像,一文一武,都很是有害,这便是所谓关公的关羽,与朱子朱熹"[2]。这表明中国读书人的信仰是"乌烟瘴气的道士思想与封建的三纲主义相结合",他们不过是"道士派的儒教徒,说得好一点即是乡愿,他们的经典是《阴骘文》《感应篇》与《觉世真经》,比较不明显的一批是《二十四孝》与朱子《治家格言》"[3]。这就是说,道教对中国民族的影响有两条线索:一是作为一种民间宗教,直接在社会下层广大群众中传播,一是渗透于儒教(及佛教)中,将儒教(佛教)道士化,以道教的神仙方术与儒教的纲常名教相结合的形态影响中国知识分子的思想与行动。双管齐下的结果,道教对中国国民思想就具有了一种不可忽视的支配力量。这是一个十分独特,又具有极大重要性的发现,但至今似乎还没有引起人们足够的重视。在"五四"当时,却有不少人持有类似的观点。鲁迅曾一再强调这一观察对于理解中国传统思想文化的重要性,他甚至说:"人往往憎和尚,憎尼姑,憎回教徒,憎耶教徒,而不憎道士。懂得此理者,懂得中国大半。"[4]

周作人有时又把道教对中国国民思想的这种影响,概括为"萨满教的影响"。他说:"中国据说以礼教立国,是崇奉至圣先师的儒教国,然而实际上国民的思想全是萨满教的(Shamanistic,比称道教的更确)。"[5]所谓萨满教,即巫或方士教,现行于西伯利亚及我国东北和朝鲜各民族中。周作人之所以认为称萨满教的影响"比称道教的更确",

---

[1] 周作人:《谈虎集·乡村与道教思想》,第222页。
[2] 周作人:《治家格言》,载1951年2月12日《亦报》,见《知堂集外文·〈亦报〉随笔》,岳麓书社,1988年,第605页。
[3] 同上。
[4] 鲁迅:《而已集·小杂感》,见《鲁迅全集》第3卷,人民文学出版社,1981年,第532页,下同,不一一注明。
[5] 周作人:《谈虎集·萨满教的礼教思想》,第220页。

是为了强调中国"国民的思想里法术的分子"[1]，强调"海面的波浪是在走动，海底的水却千年如故"，原始民族的"野蛮思想"仍"根深蒂固地隐伏在现代生活里"[2]。事实上，道教的主要来源之一即中国古代的民间巫术，而现实生活中道教对中国民间的影响，也是与施行法术的民间宗教紧密联系在一起的。因此，周作人一再提示人们注意："中国人是——非宗教的国民。他与别国人的相差只在他所信奉的是护符而非神，是宗教以前的魔术，至于宗教的狂热则未必更少。"[3]这又是一个独特的发现：因为按照一般人的理解，中国民族文化的最大特点是缺少宗教的狂热，而趋于"理性"。周作人却别有见解，他认为中国的儒家文化确实是"注重人生实际，与迷信之理性化"，具有"唯理的倾向"，这一点"与古希腊人有点相像"，"可以说是代表中国民族之优点的"；周作人引以为憾的是，在现实中国中，这种尊崇理性的儒教"早已没有"了，至少已不再是"中国文化的基础"[4]，支配着国民的，已经是萨满教的（道教的）原始宗教（巫术）狂热。周作人列举了大量现实生活中"道教思想的恶影响，因为相信鬼神魔术奇迹等事，造成的各种恶果，如教案，假皇帝，烧洋学堂"，"打拳械斗，炼丹种蛊，符咒治病"[5]，等等。在周作人看来，这种种"非理性主义"的表现，"热狂与专断是其自然的结果"[6]，周作人由此而得出结论："倘若东方文化里有最大的毒害，这种专制的狂信必是其一了。"[7]这是周作人对中国国民性的考察所得出的主要结论，终其一生，他对这种"专制的狂信"

---

1 周作人：《谈虎集·萨满教的礼教思想》，第220页。
2 周作人：《自己的园地·回丧与买水》，第172页。
3 周作人：《雨天的书·托尔斯泰的事情》，第84页。
4 周作人：《谈虎集·清浦子爵之特殊理解》，第344页。
5 周作人：《谈虎集·乡村与道教思想》，第223—224页。
6 周作人：《谈虎集·读经之将来》，第99页。
7 周作人：《雨天的书·济南道中之三》，第155页。

的抨击可以说是不遗余力的。

"疯狂"的另一个极端即是"麻木",周作人认为这二者相反相成,构成了中国国民性的根本弱点,都是缺乏理性精神的表现;他指出:"现时中国人的一部分已发了疯狂,其余的都患着痴呆症。只看近来不知为着什么的那种执拗凶恶的厮杀,确乎有点异常,而身当其冲的民众却似乎很麻木,或者还觉得舒服,有些被虐狂的气味。简单的一句话,大家都是变态心理的朋友。"[1]这话是说得十分沉痛的。

把周作人这一思想放到中国现代社会历史条件下作具体考察,其实践意义是相当复杂的。首先,不可否认,周作人确实敏锐地抓住了现代中国国民性的一个根本弱点(扩大地看,可以看作20世纪落后民族一再表现出来的一种精神弱点);在中国现代历史上,我们民族因为"专制的狂信"是吃过大亏的。鲁迅因此曾一再地提醒中国"点火的青年","对于群众,在引起他们的公愤之余,还须设法注入深沉的勇气,当鼓舞他们的感情的时候,还须竭力启发明白的理性;而且还得偏重于勇气和理性","否则,历史指示过我们,遭殃的不是什么敌手而是自己的同胞和子孙。那结果,是反为敌人先驱"[2]。

但是,由此出发,周氏兄弟却引出了不同的结论。从鲁迅的上述论述中,可以看出,鲁迅所强调的是对群众"公愤"的正确引导,他并没有不加分析地否认群众中的"怨愤"情绪,更没有否认群众运动本身;在他看来,群众的"公愤"是具有两重性的,关键在于"引导":引导得好,群众"公愤"可以成为促进社会变革的力量;如任其自流,或加以错误的"引导",自然会变成"狂信"而产生极大破坏性。周作人却是以一种贵族式的态度来看待群众的"公愤",自

---

1 周作人:《谈虎集·〈酒后主语〉小引》,第195页。
2 鲁迅:《坟·杂忆》,《鲁迅全集》第1卷,第225页。

然他就不可能从这种"公愤"的原始、自发的形态下发现其内在的要求变革的积极因素，他实际上是视群众连同他们的原始情绪为洪水猛兽，因而反对、否定群众运动本身，反对、否定信仰本身，将其一律视为"专制的狂信"。这样，周作人就最终站到了20世纪中国变革历史的群众性革命运动和爱国运动的对立面，这正是他"走向深渊"的开端。

周作人在考察道教对中国国民性的影响时，还注意到一个事实：

> 从前无论那个愚民政策的皇帝都不能做到，却给道教思想制造成功的，便是相信"命"与"气运"。他们既然相信五星联珠是太平之兆，又相信紫微星已经下凡，那时同他们讲民主政治，讲政府为人民之公仆，他们那里能够理解？又如相信资本家都是财神转世，自己的穷苦因为命里缺金，那又怎敢对于他们有不平呢？……中国现在到处是大乱之源，却不怕他发作，便因为有这"命"的迷信。人相信命，便自然安分，不会犯上作乱，却也不会进取；"上等社会"的人可以高枕无忧，但是想全部的或部分的改造社会的人的努力，却也多是徒劳，不会有什么成绩了。[1]

道教的命运观之所以比皇帝的愚民政策更为有效，就是因为它与种种迷信观念联系在一起，仿佛冥冥中有一种超自然、超社会的力量，预先决定人的命运，这样，就使得人的一切主观努力（包括反抗）都毫无意义，只有俯首听命于异己力量的摆布。这种听天由命、无所作为的精神状态，对于中国的改革是一个巨大的障碍，周作人这一代之与道教徒绝对不能相容，原因即在于此。

道教的宗教意识中影响最大，成为道教徒的基本信念的，是"因果报应"的观念。周作人曾对道教迷信传说中

---

[1] 周作人：《谈虎集·乡村与道教思想》，第224页。

"雷击恶人"的种种记载,作过一番考察。他发现所谓"雷击恶人"之类"阴谴说""在后汉时已很通行",而讲报应最为厉害的则是明清笔记,这正表明方士思想对中国文人的逐步侵入。在周作人看来,所谓"阴谴"、"冥报",不过是"补王法之不及,政治腐败,福淫祸善,乃以生前死后弥缝之";更表现了文人的变态心理:"文人心地褊窄,见不惬意者即欲正两观之诛,或为法所不问,亦其力所不及,则以阴谴处之,聊以快意。"周作人尤其反感的是,"雷击恶人"的传说中充满了"惨酷刻薄",周作人以为,这类"宗教中的恐怖"成分,一味制造"野蛮的新的战栗",只会"使人心愈益麻木痿缩",这是极为可悲的[1]。

但周作人对于道教并非只是简单地否定与批判。他曾公开著文对道教的正宗观念"以生为乐,重生恶死"的长生观表示一定程度的理解,他说,"鄙人素无求仙的兴趣,但从人情上说,见人拜北斗,求延年,此正可谅解"[2]。周作人认为,道教的"本义"——对生命乐趣的执意追求,以及相信生命之存在,年寿之长短,决定于自身,并非决定天命,等等——"并不十分错","其后经士人歪曲",才产生了种种弊端[3]。周作人写这篇文章时,已经是40年代,可以看出,对于道教对中国国民影响的观察,他已经逐渐离开了"五四"时期的批判立场,而日益转向宽容与理解。40年代周作人还写过一篇《无生老母的信息》[4]的文章——直到晚年,周作人仍然将这篇文章推荐给人们,以为是他最有价值的代表作之一[5]。这篇文章对于明清两代大量从道教中吸取营养的北方民间宗教红阳教崇奉"无生老母"及

---

1 以上引文均见周作人:《瓜豆集·关于雷公》,第9、8、6、12页。
2 周作人:《药堂语录·太上感应篇》,第4页。
3 同上。
4 此文收入周作人:《知堂乙酉文编》。
5 见周作人:1965年4月21日《致鲍耀明书》,收《周作人书信》,香港真文化公司,1997年,第462页。

其"速成救赎说"¹作了一番考察;考察的动机已经是"凭吊殉教的祖师们之悲运"及"稍稍了解信仰的民众之心情",而考察的结论则是无生老母"孤独忧愁,想念着她的儿女,这与穷困无聊,奔走到她身边去的无知男妇,一样的可以同情"。周作人并且进一步阐发说:

> 客观的说,母性的神秘是永远的,在主观的一面人们对于母亲的爱总有一种追慕,虽然是非意识的也常以早离母怀为遗恨,隐约有回去的愿望随时表现,这种心理分析的说法我想很有道理。不但有些宗教的根源都从此发生,就是文学哲学上的秘密宗教思想,以神或一或美为根,人从这里分出来,却又蕲求回去,也可以说即是归乡或云还元。²

应该说,周作人用心理分析的方法从一个特定角度说明宗教与艺术的根源,是相当精辟、深刻的。这表明了周作人对人性、人的心理情感的微妙部分的一种精微把握³,同时也流露出他对于传统的谅解、宽容、同情,乃至归依。周作人本着意于探讨"无生老母"的资讯,即从民间宗教信仰中探讨中国国民性,无意中也向世人透露了他内心隐蔽的资讯,这很有意思,也是必然如此的。

三

前面我们已经说过,民俗学研究,特别是以"五四"为开端的中国民俗学研究,几乎天生地具有一种民族主义

---

1 据周作人《无生老母的信息》中解释,其教义大意是:"无生老母是人类的始祖,东土人民都是她的儿女,只因失乡迷路,流落在外,现在如能接收她的书信或答应她的呼唤,便可回转家乡,到老母身边去……"。
2 周作人:《知堂乙酉文编·无生老母的信息》,第29页。
3 周作人曾写过大量关于鬼的文章,对中国民间宗教思想中关于死后的生活的观念作过详尽的考察。他认为"人有什么不能满足的愿望,辄无意地投影于仪式或神话之上,正如表示在梦中一样",因此,"鬼神"的"虚幻的迷信里也自有美与善的分子存在","有人心的机微存在"。世上不理解于此,以为周作人动辄谈鬼,是对现实人生的逃避,这南辕北辙的误会是可悲的。

的色彩，周作人对中国人宗教信仰的考察就鲜明地体现了这一特性。但这仅仅是周作人民俗学研究的一个方面。对于周作人这样具有高度个性自觉的思想家，他几乎是本能地要把他的个性渗透于一切方面，民俗学研究也不例外。因此，他强调：对于民间歌谣、民俗的"完全的理解与尊重"，不仅要以发达的民族意识为前提，而且必须有高度自觉的"个人意识"[1]。这实际上包含了对民俗学及其研究的更深层次的理解与追求。对于周作人来说，民俗学研究的意义不仅仅在于对客观存在的民俗的描述、解释、鉴赏，更是一种主观参与，一种内在的追求：要从"普通人民怎样活着"的客观考察中，探求一种最适合于自己主观性发展的理想的合理的生活方式[2]。——这才是周作人民俗学研究的重心所在，他的真正兴趣所在。

于是，周作人必然将他的研究重点放在"不胜记载的日常生活"，"为集体所共同实行并已经程式化了的生活方式"即"风俗"[3]的研究上。对于自己故乡的日常生活与风俗的深入剖析，则往往是他这类研究的一个切入点。

谈到日常生活，周作人自有一番独到见解——

生活中大抵包含饮食，恋爱，生育，工作，老死这几样事情，但是联结在一起，不是可以随便选取一二的。有人希望长生而不死，有人主张生存而禁欲，有人专为饮食而工作，有人又为工作而饮食，这都有点像想齐肚脐锯断，钉上一块底板，单把上半身保留起来。比较明白而过于正经的朋友则全盘承受而分别其等级，如走路是上等而睡觉是下等，吃饭是上等而饮酒喝茶是下等是也。我并不以为人可以终日睡觉或用茶酒代饭

---

1 周作人：《谈龙集·〈潮州畬歌集〉序》，第46页。
2 此分析吸取了北京大学1984级学生陈泳超的作业中提出的观点。陈泳超现已成为著名的民俗学研究专家。
3 参看〔日〕关敬吾：《民俗学》第四章，王汝澜、龚益善译，中国民间文艺出版社，1986年，第111、107页。

吃，然而我觉得睡觉或饮酒喝茶不是可以轻蔑的事，因为也是生活之一部分。[1]

人们很容易想起鲁迅说过的类似的话——

我们所注意的是特别的精华，毫不在枝叶。给名人作传的人，也大抵一味铺张其特点，李白怎样做诗，怎样耍颠，拿破仑怎样打仗，怎样不睡觉，却不说他们怎样不耍颠，要睡觉。其实，一生中专门耍颠或不睡觉，是一定活不下去的，人之有时能耍颠和不睡觉，就因为倒是有时不耍颠和也睡觉的缘故。然而人们以为这些平凡的都是生活的渣滓，一看也不看。

鲁迅的结论是："删夷枝叶的人，决定得不到花果。"[2]

周氏兄弟都注重人的日常生活；周作人更注目于自然状态的"人"所本有的生活，未经任何价值判断的删选、修饰（在鲁迅、周作人的时代，这种价值判断必然带有浓厚的封建禁欲主义的色彩），因而是"全面"的，"平凡"的，也是更"本色"的。周作人的着眼点，依然是：人的本性的自然发展。

于是，周作人在人们的日常生活与风俗中，发现与肯定了两种生活方式："动物那样的，自然地简易地生活，是其一法；把生活当作一种艺术，微妙地美地生活，又是一法"；而且，据说是"二者之外别无道路，有之则是禽兽之下的乱调的生活了"[3]。

应该说，周作人是从自己家乡人民的日常生活中，发现了"自然地简易地生活"的内在的美的。正像周作人自己所说：

---

[1] 周作人：《雨天的书·上下身》，第74页。
[2] 鲁迅：《且介亭杂文末编·这也是生活》，见《鲁迅全集》第6卷，第601页。
[3] 周作人：《雨天的书·生活之艺术》，第93页。

绍兴中等以下的人家大都能安贫贱,敝衣恶食,终岁勤苦,其所食者除米而外唯菜与盐,盖亦自然之势耳。……咬得菜根,吾乡的平民足以当之……咬了菜根是否百事可做,我不能确说,但是我觉得这是颇有意义的,第二可以食贫,第三可以习苦,而实在却也有清淡的滋味……[1]

周作人从故乡人民"敝衣恶食"的几乎原始的生活方式里,看出有一种"自然之势",品出一股"清淡"之味(周作人还说过,要"往清茶淡饭中寻其固有之味者"[2]),这里蕴含着一种文化,这种文化正是周作人所神往的。

于是,故乡的每一种吃食都逗起了周作人的悠悠情思——

我至今不希罕苹果与梨,但对于小时候所吃的粗水果还觉得有点留恋,顶上不了台盘的黄菱肉,大抵只有起码的水果店里才有,我却是最感觉有味,因为那是代表土产品的……所谓土膏露气尚未全失,比起远路来的异果自有另外的一种好处。[3]

小时候故乡酒店里有一种"时萝卜","以萝卜带皮切长条,用盐略腌,再以红霉豆腐卤渍之,随时取食。此皆是极平常的食物,然在素朴之中自有真味,而皆出自酒店店头,或亦可见酒人之真能知味也"[4]。

在"上坟酒"中还有一种食味,"似特别不可少者,乃是熏鹅……以醋和酱油蘸食,别有风味,其制法虽与烧鸭相似,唯鸭稍华贵,宜于红灯绿酒,鹅则更具野趣,在野外舟中啖之,正相称耳"[5]。

---

1 周作人:《看云集·苋菜梗》,第31—32页。
2 周作人:《雨天的书·喝茶》,第56页。
3 周作人:《甘蔗荸荠》,载1951年3月2日《亦报》,见《知堂集外文·〈亦报〉随笔》,第623页。
4 周作人:《过去的工作·东昌坊故事》,第39页。
5 周作人:《药味集·上坟船》,第75页。

无论"素朴之中自有真味",抑或"土膏露气尚未全失",以及所谓"野趣",既显示出原始文化的特征,又表现了平民文化特色;周作人神往于此,既是"乡情"的蛊惑,更是出自"返归自然"的欲求。

在周作人的追求中,还有另一面在,这就是他所说的"生活之艺术",即"把生活当作一种艺术,微妙地美地生活"[1]。

在周作人看来,"生活之艺术"的精义"只在禁欲与纵欲的调和"[2]。他引用蔼理斯的意见,解释说:"一切生活是一个建设与破坏,一个取进与付出,一个永远的构成作用与分解作用的循环。要正当地生情,我们须得模仿人自然的豪华与严肃"[3];"宗教的禁欲主义"当然应该排斥,但"禁欲亦是人性的一面,欢乐与节制二者并存,且不相反而实相成"[4]。这表明,在周作人所追求的"生活之艺术"里,包含着两个侧面:首先是对"自由"、"欢乐",甚至"豪华"的生活享乐主义的追求;另一面则是"节制"的生活原则:即"防欢乐的过量,并即以增欢乐的程度"[5]。

应该说,周作人的"生活之艺术化"这一命题包含了相当复杂的因素:它含有建筑在现代物质文明、精神文明基础上的生活现代化的要求,又表现了浓重的中国士大夫阶级的情趣与追求,这是周作人更为看重的。他因此而把"生活之艺术化"最后归结为中国传统的"礼"。事实上,周作人所神往的"生活之艺术境界"就是从中国传统生活那里吸取来的。周作人自己似乎也不讳言这一点,他说:"关于风流享乐的事我是颇迷信传统的",因此,他"总觉得

---

[1] 周作人:《雨天的书·生活之艺术》,第93页。
[2] 同上。
[3] 同上。
[4] 同上。
[5] 同上。

住在古老的京城里吃不到包含历史的精炼的或颓废的点心是一个很大的缺陷"[1]。周作人由此而发表了一番议论:

> 我们于日用必需的东西以外,必须还有一点无用的游戏与享乐,生活才觉得有意思。我们看夕阳,看秋河,看花,听雨,闻香,喝不求解渴的酒,吃不求饱的点心,都是生活上必要的——虽然是无用的装点,而且是愈精炼愈好。[2]

周作人所神往的这种生活方式,显然打上了鲜明的贵族文化的烙印:它丰腴、精致而又无用,更注重内在的情趣;既安闲,又充满洞彻人世沧桑的历史感——这确实是我们通常称之为北京文化的历史特征。周作人因其在现代物质文明冲击下的失落感到惆怅,而这略带忧郁的情怀又为这类艺术化的生活方式增添了别一种神采。

四

周作人在考察中国普通人的生活时,不仅关注于平时的日常生活,而且对于传统节日更表现了特别浓厚的兴趣。在某种意义上,正是"节日"才以其绚烂的色彩更加鲜明地体现了周作人所追求的"生活之艺术"。而对于周作人"节日"又是与童年时代家乡生活的迷人的记忆联系在一起的。周作人在他六十岁生日前夕,曾这样回忆说——

> ……我觉得很是运气的是,在故乡过了我的儿童时代。……本来已是破落大家,本家的景况都不大好,不过故旧的乡风还是存在,逢时逢节的行事仍旧不少,这给我留下了一个很深的印象。[3]

---

1 周作人:《雨天的书·北京的茶食》,第51页。
2 同上书,第52页。
3 周作人:《立春以前·立春以前》,第168页。

童年节日的记忆是如此强烈而富有诱惑力,以致周作人在晚年自系囚室时又再次提笔,写出了《儿童杂事诗》甲篇二十四首,详细地记载、描述了旧日"四时八节"的乡风民俗,如——

扫墓归来日未迟,南门门外雨如丝。烧鹅吃过闲无事,绕遍坟头数百狮。[1]

端午须当吃五黄,枇杷石首得新尝。黄瓜好配黄梅子,更有雄黄烧酒香。[2]

中元鬼节款精灵,莲叶莲华幻作灯。明日虽扔今日点,满街望去碧澄澄。(北方童谣,莲花灯,今儿点,明儿扔。)[3]

如周作人自己所说,这类风俗诗,自有"诙谐的风趣贯串其中",表现着"博大的人情"[4]。节日风俗之所以如此撩人情思,其中一个重要原因是,博大、深厚的民族文化传统溶解于其中,在半是祭祀半是娱乐的节日活动中,潜移默化地滋润与影响着人们的心灵。周作人在《立春以前》里谈到中国传统节日蕴含的文化意义时说:"对于鬼神与人的接待,节候之变换,风物之欣赏,人事与自然各方面之了解,都由此得到启示。"这可以说是一语中的:中国的传统节日,所谓"四时八节",是与气候的变换联系在一起的。周作人指出,"农家的耕作差不多以节气作标准"[5],而对于"农业的社会"[6],"农事"决定着"人事",这样,"人事"的变迁与"自然"的变化形成了一种神秘的对应关系,这不能不勾起人们关于"人与自然"的悠悠遐想。而每一个节日又都包括祭神、祭祖、祭民族英雄的活动,创造了

---

1 周作人:《儿童杂事诗·甲之七,扫墓一》,收《老虎桥杂诗》,第55页。
2 周作人:《儿童杂事诗·甲之十三,端午》,收《老虎桥杂诗》,第57页。
3 周作人:《儿童杂事诗·甲之二三,中元》,收《老虎桥杂诗》,第59页。
4 周作人:《知堂乙酉文编·北京的风俗诗》,第49、50页。
5 周作人:《苦雨斋序跋文·〈中国新年风俗志〉序》,第143、145页。
6 同上。

一个人鬼相融、古今共存的世界,是子孙与祖先、人与鬼之间的一次精神对话,由此而形成深沉的历史感与超时空感。节日里,"驱邪降福"的宗教仪式中又隐含着生命的保存与发展的意义,时节的变迁中也暗示着生命的交替(所谓"冬和春的交代乃是死与生的转变"[1]),都具有形而上的哲学意味。对于人自身而言,这是生活的自然调节:终岁劳苦,唯有在农闲节日里获得精神的松弛,体力的恢复,情绪的发泄;与西方社会及日本节日的狂欢相比,又是有节制,恰如其分的,所追求的是灵肉和谐的中和之美。如前所述,这也正是周作人"生活之艺术"的真谛。周作人从幼年时代开始,就从传统节日、地方风俗里,体味到了一种生气贯注的,和谐、自然的现世之美:这正是中国传统文化(传统美学、哲学)的神韵所在。这对于周作人温雅的个性的形成无疑起着极大的作用;而周作人的个性一旦形成,又反过来决定着他对中国传统民俗的观察、选择与评价。

五

对民间艺术的探讨,是周作人民俗学研究的又一个重点。

周作人说:"我平常颇喜欢读民歌。这是代表民族的心情的,有一种浑融清澈的地方,与个性的诗之难以捉摸者不同……"[2]周作人更看重的是包融于其间的"民间趣味"。他在介绍了流传于故乡的徐文长的故事以后,说过这样一段话——

有些道学家及教育家或者要对我'爇颒',以为这些故事都很粗俗,而且有地方又有点不雅。这个批评未必是不中肯綮,

---

1 周作人:《苦雨斋序跋文·〈中国新年风俗志〉序》,第143、145页。
2 周作人:《谈龙集·〈海外民歌〉译序》,第42页。

不过我的意思,是在"正经地"介绍老百姓的笑话,我不好替他们代为'斧政'。他们的粗俗不雅至少还是健壮的,与早熟或老衰的那种病的佻荡不同……[1]

周作人甚至说:

天下只有天真的小儿与壮健的天才(如拉勃来、哥德,若斯威夫德便有点病态的了),才有欣赏粗俗话的资格……[2]

民间文学与儿童文学一样,是最接近原始文学的,它们都具有人类童年时代的"人"的本性所特有的健壮的美。而这种健壮的美,是"早熟"或"老衰"的文化(例如中国传统文化)戕害下早已残破、扭曲的病态心灵所绝难领略的。对于周作人自身来说,这类带有原始生命力的粗俗(甚至猥亵)、壮健的美,对于他所追求的带有贵族气味的精致的"生活之艺术"是一个不可少的补充,周作人把它称作"精神的体操"(或称"感情的体操")[3],这种精神(情绪)的调节对于身心的健全发展是绝对必要的。

周作人对于他故乡的民间戏剧也有着浓厚兴趣,并且也从中发现了民众的"滑稽趣味"。他介绍说,每到夏天,故乡人民即要自动组织起来演出目连戏,"自傍晚做起,直到次日天明","除首尾以外,其中十分七八,却是演一场场的滑稽事情……看众所最感兴味者恐怕也是这一部分。乡间的人常喜讲'舛辞'及冷语,可以说是'目连趣味'的余流"[4]。直到晚年,周作人仍然撰文,念念不忘家乡民间戏剧的"喜剧的价值"[5]。和鲁迅的观点相反,周作人认

---

1 周作人:《苦茶庵笑话选·〈徐文长的故事〉说明》,见《知堂序跋》,岳麓书社,1988年,第17页。
2 周作人:《〈"小"五哥的故事〉附记》,载1925年11月16日《语丝》第53期。
3 周作人:《谈龙集·猥亵的歌谣》,第70页。
4 周作人:《谈龙集·谈目连戏》,第79—80页。
5 周作人:《木片集·喜剧的价值》,第39页。

为，中国戏剧里的"大团圆结局"所表现的是一种值得肯定的喜剧趣味，他指出，"从前乡间习惯，开始时必演'八仙庆寿''踢福'和'踢魁'，继之以'掘藏'，极尽人生的大望，随后开始演戏"[1]，"在日场或夜场完结的时候，不管末了演的什么戏，在脚色下场之后，必定出来一生一旦，在台前交拜，后台奏有喜乐，观众便预备走散了。这似乎有点庸俗，但我觉得却很有可取，因为这表示中国人民的明朗的性格，爱好和平快乐"[2]。尽管用了"爱好和平快乐"之类解放初期的习惯语，周作人所强调的显然仍然是中国传统文化中的"极尽人生的大望"的"现世之美"。所谓"幽默感"、"喜剧趣味"归根到底仍是表现了一种"生之快乐"的生命欲求；周作人对民间艺术中"喜剧趣味"的赞赏，正是表现了他对普通人民的生命形态的一种理解。

六

周作人的民俗学研究从一开始就注重于各国民俗的比较研究，这自然是与20世纪以来东西方文化世界范围内的互相撞击、交汇这一大背景直接相关的。而"五四"时期，中国知识分子人类意识的觉醒，人们"眼里看见了世界的人类"，自觉到"人类的运命是同一的"[3]。这一"人类同一性"的全新观念也直接影响了这一时期的民俗研究必然是着眼于世界各民族的民俗，而不会局限于中国一个民族。

在周作人看来，"要了解一国民的文化，特别是外国的"，是"非从民俗学入手不可"的，他说——

从前我常想从文学美术去窥见一国的文化大略，结局是徒劳而无功，后始省悟，自呼愚人不止，懊悔无及。如要卷土重

1　周作人：《木片集·喜剧的价值》，第39页。
2　周作人：《木片集·关于目连戏》，第36页。
3　周作人：《艺术与生活·人的文学》，第17页。

来,非从民俗学入手不可。古今文学美术之菁华,总是一时的少数的表现,持与现实对照,往往不独不能疏通证明,或者反有抵牾亦未可知,如以礼仪风俗为中心,求得其自然与人生观,更进而了解其宗教情绪,那么这便有了六七分光,对于这国的事情可以有懂得的希望了。[1]

这是十分恳切的经验之谈,同时也是前述周作人关于"国民文化呈三角塔形"理论的一个自然引申与发展。民俗学所注重的是日常最普通的、司空见惯的一般的生活方式;而一个民族真正的文化精神正是消融在大多数人民最普通的日常生活中。正像刘半农在"五四"时期所说:"吃饭穿衣等事是全人类所共有的,所以要研究各民族特有的文明,要彻底了解各民族的实际,非求之于吃饭,穿衣等方面不可。"[2]基于这样的认识,在"五四"时期的比较文化研究中,民俗学的比较研究占据了特殊的重要地位。这个事实,对于今天中国正在重新兴起的比较文化研究,仍然是有启示意义的。

对于东西方文化的比较研究,周作人有过通盘的考虑。他曾经郑重其事地向学术界提出,应特别地注意"希腊、印度、亚剌伯与日本文化"的研究。他指出——

近年来,大家喜欢谈什么东方文化与西方文化。我不知两者是不是根本上有这么些差异,也不知道西方文化是不是用简单的三两句话就包括得下的,但我总以为只根据英美一两国现状而立论的未免有点笼统,普通称为文明之源的希腊我想似乎不能不予以一瞥,况且他的文学哲学自有独特的价值,据臆见说来他的思想更有与中国很相接近的地方……印度因佛教的缘故与中国关系密切,不待烦言,亚剌伯的文艺学术自有成就,古来即和中国接触,又因国民内有一部分回族的关系,他的文

---

1 周作人:《药味集·缘日》,第80页。
2 刘半农:《〈吴歌甲集〉序》,《刘半农书话》,浙江人民出版社,1998年,第85页。

化已经不能算是外国的东西,更不容把他闲却了。日本有小希腊之称,他的特色确有些与希腊相似,其与中国文化上之关系更仿佛罗马,很能把先进国的文化拿去保存或同化而光大之,所以中国治"国学"的人可以去从日本得到不少的资料与参考。[1]

这自然是从世界文化发展的高度作出的一个具有战略眼光的选择。由于周作人精通希腊与日本两国语言,这两国文化的研究即成为他个人攻关的主要目标。而由于20世纪以来中日关系的复杂性,周作人的中日比较研究就特别引人注目。对于周作人这一研究的政治背景及政治评价,在《走向深渊之路》一文中有专门的讨论。这里,主要从其学术意义方面,作一些分析——政治评价与学术意义既是密切相关联,又是可以区分的,这一讨论前提是不言而喻的。

周作人对日本文化的研究,是建筑在对日本文化下述总体认识基础上的——

日本古今的文化诚然是取材于中国与西洋,却经过一番调剂,成为他自己的东西,正如罗马文明之出于希腊而自成一家(或者日本的成功还过于罗马),所以我们尽可以说日本自有他的文明,在艺术与生活方面更为显著,虽然没有什么哲学思想。我们中国除了把他当作一种民族文明去公平地研究之外,还当特别注意,因为他有许多地方足以供我们研究本国古今文化之参考。[2]

承不承认日本民族文化具有独立的个性与价值,正是全部关键所在。对于周作人来说,这本是一个不成问题的问题,因为他的思想体系最重要的基点,就是对个性的尊重,这包括他对个性与人类共通性关系的独特认识:"个性是个人唯一的所有,而又与人类有根本上的共通点。"[3]

---

1 周作人:《苦竹杂记·北大的支路》,第216—217页。
2 周作人:《谈虎集·日本与中国》,第315页。
3 周作人:《谈虎集·个性的文学》,第147页。

在周作人的观念中，正是日本文化具有不同于其他民族的独立个性，才构成了日本文化对人类文化的独特贡献，从而有可能成为独立的研究物件，为我们所理解、接受与吸取。

然而，并不是所有人都能承认日本文化的独立性的，这不仅因为日本古今文化确实"取材于中国与西洋"，而且对于许多有强烈的民族主义情绪的中国人，身受20世纪三四十年代日本军国主义对中国的侵略之害，他们是宁愿否定日本文化的独立性的，似乎可以由此而获得某种心理上的补偿。这是一种可以理解，却远非健全的心理。否定其他民族独立性（包括文化独立性）的民族，自身也不可能是真正独立的。这里涉及"各民族文化比较"研究中的民族情绪、民族心理这样一个相当微妙的问题。看来，无论是民族自卑还是民族自大心理都会妨碍我们得出科学的结论。周作人说得好——

> 中国人原有一种自大心，不很适宜于研究外国的文化，少数的人能够把它抑制住，略为平心静气的观察，但是到了自尊心受了伤的时候，也就不能再冷静了。自大固然不好，自尊却是对的，别人也应当谅解它，但是日本对于中国这一点便很不经意。我并不以为别国侮蔑我，我便不研究他的文化以为报，我觉得在人情上讲来，一国民的侮蔑态度于别国人理解他的文化上面总是一个极大障害，虽然超绝感情纯粹为研究而研究的人，或者也不是绝无。[1]

唯有着眼于"人类文化"，树立起"在人类文化创造中，各民族一律平等"的观念与心态，才可能是比较合理、健全的，这正是中国的先驱者（包括周作人）在"五四"时期所获得的"现代意识"的一个重要方面。

周作人在他的日本文化研究中，还一再强调："一个

---

[1] 周作人：《谈虎集·日本与中国》，第317页。

民族的代表可以有两种、一是政治军事方面的所谓英雄,一是艺文学术方面的贤哲","假如要找出这民族的代表来问问他们的悲欢苦乐,则还该到小胡同大杂院去找","我们要研究、理解,或谈日本的文化,其目的不外是想去找出日本民族代表的哲贤来,听听同为人类为东洋人的悲哀,却把那些英雄搁在一旁,无论这是怎样地可怨恨或轻蔑"[1]。在日本军国主义已经"兵临城下"的情况下,周作人要中国人民"把那些英雄搁在一旁",不只是"天真",而且是极端有害的。但是,周作人强调不能"把脚盆里的孩子连水一起泼了出去"[2],不能因为憎恨暴力,反对日本军国主义而否认日本文化本身,而真正日本文化正是存在于"小胡同大杂院"中即普通日本人民的日常生活中,这确是一种真知灼见。在反日情绪高涨的情况下,坚持这类不合时宜的观点是需要勇气的。一方面是糊涂的"文化决定论"[3],一方面又包含着若干清醒的理性精神的合理因素:这一时期周作人的日本文化观呈现出极其复杂的状态。

强调日本文化的独立价值,当然并不是抹杀日本文化所受中国文化的深刻影响(这本身也构成了日本文化的一种"个性")。周作人从不否认,他们这一代人最初是怀着强烈的民族复古主义情绪(即所谓"思古之幽情")去看待日本文化的;他们几乎是惊喜地在日本文化中发现了在现代中国已经失去了的古代"遗风"。后来周作人回忆说:"我们在日本的感觉,一半是异域,一半却是古昔,而这古昔乃是健全地活在异域的,所以不是梦幻似地空假……"[4]因此,周作人一再地声称,日本(特别是东京)是他的第二

---

[1] 周作人:《瓜豆集·谈日本文化书(其二)》,第55、58、57页。
[2] 同上。
[3] 详见收《周作人论》一书《走向深渊之路》的分析。
[4] 周作人:《苦竹杂记·日本的衣食住》,第159、158页。

故乡[1]；尽管这种感觉含有若干夸大其词的成分，但他对中日文化共同性的感受却是相当真实的。可贵的是，周作人主要是通过日本生活中多少保存中国古俗的特点，中日日常生活中的接近，去把握这种文化的共同性的。他几乎是怀着一种思乡的心情这样谈到"日本的衣食住"——

> 吾乡穷苦，人民努力日吃三顿饭，唯以腌菜臭豆腐螺蛳为菜，故不怕咸与臭，亦不嗜油若命，到日本去吃无论什么都不大成问题。有些东西可以与故乡的什么相比，有些又即是中国某处的什么，这样一想就很有意思。如味噌汁与干菜汤，金山寺味噌与豆板酱，福神渍与酱咯哒，牛蒡独活与芦笋，盐鲑与勒鲞，皆相似的食物也。又如大德寺纳豆即咸豆豉，泽庵渍即福建的黄土萝卜，蒟蒻即四川的黑豆腐，刺身即广东的鱼生，寿司（《杂事诗》作寿志）即古昔的鱼鲊，其制法见于《齐民要术》，此其间又含有文化交通的历史，不但可吃，也更可思索。[2]

正像周作人所说，"我尚能知故乡的民间生活，因此亦能于日本生活中由其相似而得理会"[3]。周作人所用的"理会"，不仅是生活习俗的表面把握，而且是对蕴含其中的深层次的"文化"与"美"的发现——

> 日本生活里的有些习俗我也喜欢，如清洁，有礼，洒脱。……洒脱不是粗暴无礼，他只是没有宗教与道学的伪善，没有从淫逸发生出来的假正经。[4]
>
> 我常想，世间鞋类里边最美善的要算希腊古代的山大拉，闲适的是日本的下驮，经济的是中国南方的草鞋……凡此皆取其不隐藏，不装饰，只是任其自然，却亦不至于不适用与不美观。[5]

---

1 周作人：《苦竹杂记·日本的衣食住》，第159、158页。
2 同上书，第164、167、160、161页。
3 同上。
4 同上。
5 周作人：《瓜豆集·怀东京》，第66、67、69页。

不只如此，周作人在日本式的房屋与服饰里发现"适用""简易"与"安闲"，"清疏有致"[1]，在日本的浮世绘所描绘的日本人民日常生活情趣里，发现了"东洋人之悲哀"[2]，等等。

这里，日本文化是作为东方文化的典型来看待的，周作人曾作了这样的概括：

> 我以为日本人古今不变的特性……一是现世思想，与中国是共通的，二是美之爱好，这似乎是中国所缺乏。此二者大抵与古希腊有点相近，不过力量自然要薄弱些，有人曾称日本为小希腊，我觉得这倒不是谬奖。[3]

周作人强调日本文化与希腊文化的相近，正是表明他所欣赏、神往的，是人类文化起源状态的文化，是"更为简单，更为天然，更是本能的"[4]，也即人性发展更健全的文化。这些特点，中国原始文化中也曾经有过，却是中国现实文化中所缺（或者说失落了）的。因此，周作人一再地作这样的对比——

> 日本国民更多宗教情绪，而对于雷公多所狎侮，实在却更有亲切之感。中国人重实际的功利，宗教心很稀薄，本来也是一种特点，可是关于水火风雷都充满那些恐怖，所有记载与说明又都那么惨酷刻薄，正是一种病态心理，即可见精神之不健全。[5]

> 支那集录古神话传说的史书在大与深的两点上或者比《古事记》为优，但当作艺术论恐不能及《古事记》罢。为什么呢，

---

1 周作人：《瓜豆集·怀东京》，第66、67、69页。
2 同上。
3 周作人：《苦茶随笔·日本管窥》，第140页。
4 周作人：《苦口甘口·希腊之余光》，第54页。
5 周作人：《瓜豆集·关于雷公》，第12页。

因为它感情不足,特别如上边所说的润泽的心情显然不足。[1]

人们发现,每谈及日本文化中的"人情之美",周作人总是无法掩饰自己的艳羡之情。这与周作人对人类原始文化传统的怀旧情绪自然是联系在一起的。

但周作人在1940年年底所写的《日本之再认识》里却宣布了对自己的日本文化研究的一个"反省":

> 如只在异中求同,而不去同中求异,只是主观的而不去客观的考察,要想了解一民族的文化,这恐怕至少是徒劳的事。[2]

他进一步解释说:

> 我们前者观察日本文化,往往取其与自己近似者加以鉴赏,不知此特为日本文化中东洋共有之成分,本非其固有精神之所在,今因其与自己近似,易于理解而遂取之,以为已了解得日本文化之要点,此正是极大幻觉,最易自误而误人者也。[3]

由此,周作人的日本文化研究发生了重点的转移:

> 应当于日本文化中忽略其东洋民族共有之同,寻求其日本民族所独有之异,特别以中国民族所无或少有者为准。[4]

那么,在周作人看来,日中两民族文化的主要区别何在呢?他回答说:

> 我常觉得中国人民的感情与思想集中于鬼,日本则集中于

---

1 这是周作人在《雨天的书·日本的人情美》里引用日本学者和哲郎在《古代日本文化》一书中的一段话,第119页。
2 周作人:《药味集·日本之再认识》,第123—124页。
3 同上书,第124页。
4 同上书,第126页。

神,故欲了解中国须得研究礼俗,了解日本须得研究宗教。[1]

而关于日本宗教,周作人又有如下分析:

  日本的上层思想界容纳有中国的儒家与印度的佛教,近来又加上西洋的科学,然其民族的根本信仰还是本来的神道,这一直支配着全体国民的思想感情,上层思想界也包含在内。[2]

  周作人还写有《关于祭神迎会》(收入《药堂杂文》),对中日两国的宗教情绪作了详细对比。这是关于中日文化比较研究的一篇重要论文。周作人在文章中指出,"超理性的宗教情绪在日本特为旺盛,与中国殊异","日本宗教,求与神接近,以至灵气凭降,神人交融,而中国则好敬鬼神而远之,至少亦敬而不亲","中国民间对于鬼神的迷信,或者比日本要更多,且更离奇,但是其意义大都是世间的,这如结果终出于利害打算,则其所根据仍是理性"。周作人并且具体比较了祭神迎会的仪礼的不同:"中国人民之于鬼神正以官民相待,供张迎送,尽其恭敬,终各别去,洒然无复关系","礼有余而情不足";"日本国民富于宗教心,祭礼正是宗教仪式,而中国人是人间主义者,以为神亦是为人生而存在着,此二者之间正有不易渡越的壕堑"[3]。
  应该说,周作人上述研究是有现实针对性的:他试图用存在于日本国民中的宗教性狂热来解释日本侵略者猖獗一时的历史错误,仍然是重复"文化决定论"的谬误,但人们不难从字里行间看出周作人的一个"理想":希望两国人民摆脱"宗教性的狂热",用"科学理性精神"取代之。这在当时自然是一个幻想。而且周作人完全漠视作为被侵

---

1 周作人:《药味集·日本之再认识》,第124、126页。
2 周作人:《我的杂学·十四》,收《苦口甘口》,第82页。
3 周作人:《药堂杂文·关于祭神迎会》,第111、116页。

略一方的中国人民中的爱国主义情绪,这正是周作人走上背叛民族的歧途的重要原因。在进行中日文化比较研究时,如何正确地对待爱国主义这类民族情绪问题,是一个十分复杂,而又无法回避的问题。周作人在这方面既有正面的成功经验,又有反面的教训,对于后人都具有启示意义。

本文发表于《北京大学学报》1988年第5期

与周氏兄弟相遇

鲁迅和现代评论派的论战

本文所要讨论的是：由女师大风潮所引起的鲁迅和"现代评论派"的论战。这场论战是非常重要的，也是最容易引起争论的。近年有很多人都根据鲁迅在与现代评论派论战中的表现，来判断鲁迅是"不宽容"的，"心地狭窄"的，等等。在我看来，这场论战不仅在中国现代思想史、文学史，中国知识分子精神史上有着重要的意义，而且在鲁迅自身思想的发展上，也是重要的一个环节。这场论战引发了鲁迅的很多思考，使他产生了一系列的作品，如《朝花夕拾》《野草》《彷徨》的后半部，以及《华盖集》《华盖集续编》《华盖集续编的续编》里的杂文，实际上构成了鲁迅创作的一个高潮。大概就在1925年、1926年、1927年这三年，从"五四"时期的鲁迅到最后十年的鲁迅，这是一个关键的时刻。我们要研究鲁迅后期思想的发展，恐怕先要理清他与现代评论派的论战这个环节。

一

　　先从女师大风潮说起。大家知道，从1924年秋天开始女师大就开始闹学潮了，但鲁迅却是在1925年5月，也就是学潮发生了七八个月之后，才作出反应的。这是很符合鲁迅特点的，他对任何事情的反应都要慢半拍：他要看一看。大概是1924年2月，杨荫榆从美国留学回来，被任命为北京女子高等师范学校的校长。据说这是第一次由一位女学者担任女校校长，所以非常引人注目，学生也对她抱有希望。但很快就失望了，因为杨荫榆虽然是个洋学生，但她对学生的教育还是相当传统的。鲁迅后来写过一篇《寡妇主义》，说"在寡妇或拟寡妇所办的学校里，正当的青年是不能生活的。青年应当天真烂漫，非如她们的阴沉，她们却以为中邪了；青年应当有朝气，敢作为，非如她们的萎缩，她们却以为不安本分了：都有罪。只有极和她们相宜，——说得冠冕一点罢，就是极其'婉顺'的，以她们为师法，使眼光呆滞，面肌固定，在学校所化成的阴森的家庭里屏息而行，这才能敷衍到毕业；……（却）已经失去青春的本来面目，成为精神上的'未字先寡'的人物"[1]。这话说得自然有些挖苦，但还是说出了一个事实：杨荫榆是用婆婆管媳妇的办法来治理学校的，这就必引起正处在"五四"之后、思想解放热潮当中的女学生的反感。而引发冲突的，是1924年的夏天，南方发大水，部分学生回校耽误了一两个月左右的时间，杨荫榆要整顿校风，就在学生回来以后通过一个校规，说凡是逾期返校的都要开除，在具体执行的时候，又没有完全按照规定办，关系比较好的学生就轻轻放过，平时不听话的学生则严厉处分。这就引起了女校学生的反抗，发动了一个"驱杨"运动。鲁迅和许广平开始对这件事情是持谨慎态度的。从这一时期许广平与鲁迅的通信中，可以看出，许广平作为在校的学生，亲眼看见学生运动中的许多弊病，因而很感失望；鲁迅则告诉她："教育界的称为清高，本是粉饰之谈，其实和别的什么界都一样。"[2]鲁迅对学校、教育，乃至学生运动的弊端是看透了的，所以他尽管怀有同情却不会轻易介入。后来杨荫榆公开站在北洋军阀政府这一边，禁止学生悼念孙中山，并扬言要"整顿学风"，在国耻纪念会上与学生发生冲突以后，又在一家饭店里召集支持自己的老师、职

---

1 《坟·寡妇主义》，《鲁迅全集》第1卷，人民文学出版社，1981年，第266页，下同，不一一注明。
2 《两地书·二》，《鲁迅全集》第11卷，第14页。

员开会,用学校评议会的决定,把六个学生自治会的成员开除。事情发展到这个程度,鲁迅就不再沉默了。这时候他写有两篇文章,说明自己介入的缘由与心情,很值得注意。一篇文章题目叫《忽然想到》,他是这么说的——

> 我还记得中国的女子是怎样被压制,有时简直并羊而不如。现在托了洋鬼子学说的福,似乎有些解放了。但她一得到可以逞威的地位如校长之类,不就雇佣了"捋袖擦拳"的打手似的男人,来威胁毫无武力的同性的同学们么?[1]

而在《"碰壁"之后》一文中,更写出了自己的一种独特的生命体验——

> 我为什么要做教员?!……我本就怕这学校,因为一进门就觉得阴惨惨,不知其所以然,但也常常疑心是自己的错觉。后来看到杨荫榆校长《致全体学生公启》里的"须知学校犹家庭,为尊长者断无不爱家属之理,为幼稚者也当体贴尊长之心"的话,就恍然了,原来我虽然在学校教书,也等于在杨家坐馆,而这阴惨惨的气味,便是从"冷板凳"里出来的。可是我有一种毛病,自己也疑心是自讨苦吃的根苗,就是偶尔要想想。所以恍然之后,即又有疑问发生,这家族人员——校长和学生——的关系是怎样的,母女,还是婆媳呢?
>
> 然而又想,结果毫无。幸而这位校长宣言多,竟在她《关于暴烈学生之感言》里获得正确的解答了。曰,"与此曹子勃溪相向",则其为婆婆无疑也。
>
> 碰壁,碰壁!我碰了杨家的壁了!
>
> 其时再看看学生们,就像一群童养媳……
>
> 我于是仿佛看见雪白的桌布已经沾了许多酱油渍,男男女女围着桌子都吃冰其淋,而许多媳妇儿,就如中国历来的大多数媳妇儿在苦节的婆婆脚下似的,都决定了暗淡的运命。[2]

---

1 《华盖集・忽然想到(七)》,《鲁迅全集》第3卷,第60—61页。
2 《华盖集・"碰壁"之后》,《鲁迅全集》第3卷,第68—69页。

这都是很奇特、很可怕的联想。他为什么会产生这样的"阴惨惨"的感觉？他发现，中国的女子原来受压制的，现在有了权力、地位之后，反而又压制"毫无武力的同性"，多年的媳妇熬成婆之后，婆婆又来压制新的媳妇。这种婆媳之间的压迫与被压迫，奴役与被奴役的关系，在现代教育里面，重新出现了。他发现了一个历史的循环：中国的现代妇女终于不能摆脱"历来的大多数媳妇儿在苦节的婆婆脚下"备受蹂躏的"运命"！——正是这样的发现如梦魇般压在鲁迅的心上，使他感到恐怖。

他更产生了这样的幻觉——

华夏大概并非地狱，然而"境由心造"，我眼前总充塞着重叠的黑云，其中有故鬼，新鬼，游魂，牛首阿旁，畜牲，化生，大叫唤，无叫唤，使我不堪闻见。……

我吸了两支烟，眼前也光明起来，幻出饭店里电灯的光彩，看见教育家在杯酒间谋害学生，看见杀人者于微笑后屠戮百姓，看见死尸在粪土中舞蹈，看见污秽洒满了风籁琴，我想取作画图，竟不能画成一线。我为什么要做教员，连自己也侮蔑自己起来。……[1]

这又是一个可怕的发现：在现代教育的教育家、校长、老师和学生的关系中，鲁迅发现了谋害与屠戮，他发现教育家变成了杀人者！也就是说，他发现了"人吃人"的现象在现代教育中的"重现"。传统的野蛮的吃人是赤裸裸、不加掩饰的，而现代绅士却是"在杯酒间"、"于微笑后"吃人，这就更加令人憎恶。吃人的筵席一直排到现在，而且以这样卑劣的方式排到了最高学府，鲁迅怎能不有身处"地狱"的感觉！——正是在这现代教育的地狱里面，年

---

[1]《华盖集·"碰壁"之后》，《鲁迅全集》第3卷，第72—73页。

轻的一代"仅有微弱的呻吟,然而一呻吟就被杀戮了!"

这样的血淋淋的联想,是很有鲁迅特色的,可以说是非鲁迅所不能有。对鲁迅来说,他面对的不是一个具体学校的丑恶,他面对的是整个中国历史的黑暗,整个中国现实的黑暗,这个现实也是历史的一个循环。如果形象一点说,鲁迅从女师大风潮中所感觉到的,所面对的,正是那个"黑暗的闸门",他之所以有"碰壁"之感,就是那个"黑暗的闸门"在中国依然存在着。正是这一点,使鲁迅更加深刻地反省自己:"我和这种现代教育吃人制度,有什么关系?"他一再追问:"我为什么要做教员?"甚至"连自己也侮蔑自己起来",就是因为他痛苦地意识到,这吃人的筵席与地狱并非和他无关,就像《狂人日记》所说的一样,"我也在其中"。正因为鲁迅意识到自己面对的是整个中国历史和现实的黑暗,而且这个黑暗和他自己有关,他就必须站出来支持那些被谋害的青年学生。这是一些想呻吟而不能呻吟,"无叫唤"的青年,而作为一个享有一定话语权的知识分子,只要自己还能说话他就必须说话,只要自己还能呻吟他就必须呻吟。他是出于这样一个动机,这样一个心理的动因,与女师大学生站在一起的。他正是在履行自己在"五四"时期的诺言:"肩住了黑暗的闸门,放他们(指青年一代——引者注)到宽阔光明的地方去。"[1]

应该说,鲁迅参与女师大风潮并非出于一时的义愤,而是有着极为深广的思虑的,其背后有着他对中国的历史与现实,中国的教育,以及知识分子的历史责任的深刻体认,并且有着他所特有的思维方式与心理、情感反应,这在当时的中国,乃至在今天的中国,即使不说超前,也是十分特殊的,因此他在女师大风潮中所表现出来的决绝态

---

[1]《坟·我们现在怎样做父亲》,《鲁迅全集》第1卷,第140页。

度,就很难为一般人(包括某些今人)所理解,本也是可以理解的:这样的不被理解也是鲁迅这样的知识分子的宿命。

二

但鲁迅仍然没有料到,他刚刚起草一个《关于北京女子师范大学风潮的宣言》,联合了一批包括周作人在内的教授,出来为学生说话,证明那六个被开除的学生自治会成员在品行和学问上,都没有问题,竟引起了他的同事,北京大学"现代评论派"的教授们的另外一种反应,并引发了一场轰动一时而影响深远的论战。

所谓"现代评论派"教授,又因为他们主要居住在北京东吉祥胡同,又称为"东吉祥诸君子",这是一批欧美归来的年轻教授,大部分是《现代评论》杂志的骨干。《现代评论》创刊于1924年12月,正是胡适创办的《努力周刊》1923年10月停刊一年多以后,一般认为《现代评论》是《努力周刊》的继续,"现代评论派"的教授与胡适也有比较密切的关系[1]。但《努力周刊》以评论政治为主,《现代评论》则基本是一个以学术文化为主的刊物。引发冲突的是《现代评论》一卷二十五期发表的西滢(陈源)的《闲话》,后来结集出版时就加了一个标题叫《粉刷茅厕》。任何读这篇文章的人,都很容易看出,陈源的立场,是不赞成学生的,认为她们"闹的太不像样了"。举出理由有二,一是"同系学生同时登两个相反的启事",即学生意见不一致,暗示反对校长的只是少数人;二是"学生把守校门",

---

[1] 但胡适本人却没有参加这场论战,并且曾一度试图对双方进行调解。他写信给鲁迅、周作人和陈源,说自己"不愿评论此事的是非曲折",只是"深深地感觉到你们的笔战里双方都含有一点不容忍的态度,所以不知不觉地影响了不少少年朋友,暗示他们朝着冷酷、不容忍的方向走!这是最可惋惜的",他因此希望双方停止论战。信见《胡适书信集》上册,北京大学出版社,1996年,第374—375页。

校长在校内不能开会,这就"不像样子","教育界的面目也就丢尽"。在陈源这些教授看来,学校要有个"样子",有一个固定的秩序,比如学生必须规规矩矩读书,一切听从师长,等等,现在学生要反抗,把校长赶出去,这就"不像样",不成体统,"教育当局"就应该加以"整顿",而且"好像一个臭毛厕,人人都有扫除的义务",这就很有点杀气腾腾的味道了。这背后是隐藏了这些教授的一种教育理念的,就是要运用校长与"当局"的权力维护学校的既定的秩序,并不惜采取严厉的"整顿"措施。另一方面,在陈源这些教授眼里,学生们闹事,是一种"群众专制",因此要"代被群众专制所压迫者(这里当然指的是身为校长的杨荫榆——引者注)说几句公平话"[1]。这里确实可以看出两类教授的不同立场:在鲁迅这样的坚守"下者、幼者、弱者本位"的具有反叛性的教授看来,这是校长压迫学生,鲁迅说得更为严重,这是"在杯酒间"谋害学生;而那些坚持"上者、长者、精英本位"立场,以维护秩序为己任的教授们看来,这是学生捣乱,是群众对校长进行专制。在对待学生、校长,以及校长背后的政府当局的不同态度就造成了北大的两类教授之间的分歧与分化。在某种意义上,这是正常的,学生运动一旦发生,学校的老师就会有不同的态度。

如果仅是意见与态度不同,后来的争论或许不会发展到那样严重的程度。问题的复杂性在于,陈源尽管自己明显地站在校方这一边,已经对学潮中的是非作出了明确的判断,不但指责学生"不像样子",而且呼吁当局"整顿"学校,"万不可再敷衍姑息下去",却要作出毫不偏袒的公允姿态,宣称"女师大风潮,究竟学生是对的还是错的",

---

[1] 西滢:《闲话》,载《现代评论》第2卷40期,1925年9月12日出版。

"我们没有调查详细的事实,无从知道"。同时,又把责任推给"某籍某系的人""暗中挑剔风潮",并指责他们"未免过于偏袒一方,不大公允",却又不明说,而是"听说……可是……未免……可惜……还是……但是……",文字极尽曲折之能事。这大概是出乎鲁迅意料之外的,却激起了鲁迅反击的激情。这种激情来自于鲁迅发现自己面对的可能不是陈源这样具体的一个人,而是一个代表,一种典型。径直说,鲁迅觉得陈源可以进入他的杂文了。鲁迅后来谈到他的杂文的特点是:"论时事不留面子,砭锢弊常取类型",又说"盖取类型者,于坏处,恰如病理学上的图,假如是疮疽,则这图便是一切某疮某疽的标本"[1]。在他看来,陈源是一个很好的标本,是可以藉此来解剖中国知识分子某一个侧面,或者某一类知识分子的一些特点的。鲁迅给自己规定的任务就不是对某一个人(例如陈源)作出全面评价,而是将其一时一地(例如在女师大风潮中)的言行,作为一种类型现象来加以剖析。他所采取的方法是"攻其一点,不及其余",只抓住其有普遍意义的某一点,而有意排除了为这一点所不能包容的某个人的其他个别性、特殊性。如陈源,按今天的认识,他确实也有很多可取之处,即使他的《闲话》也留下了不少有价值的思想资源;后来鲁迅在写《新文学大系·小说二集·序言》时,不是以杂文家身份,而是以学者的身份来说话,对"现代评论派"的文学,包括陈源夫人凌叔华的小说,都给予了充分的评价。而现在,鲁迅关注的是陈源在女师大风潮、"五卅惨案"、"三·一八惨案"中的具体表现所显示出来的倾向性,如瞿秋白所说,这时候陈源的姓名,"在鲁迅的杂感里,简直可以当作普通名词读"[2],并不是对他个人的"盖棺论定",

---

1 《〈伪自由书〉前记》,《鲁迅全集》第5卷,第4页。
2 瞿秋白:《鲁迅杂感选集·序言》,《鲁迅杂感选集》,青光书局,1933年,第12页。

至多只是针对具体论争中的是非作出判断。鲁迅后来说他的这些杂文里,"没有私敌,只有公仇",正是强调这一点。但鲁迅的"战法"又是很有特点的,正像一位研究者所说,鲁迅总是"直接借用对方文章中一些'关键词',抓住不放,大作文章,显得十分坦然,又往往击中要害"[1],并藉此把问题的揭示引向深入。下面,我们就想通过这些关键词语的分析,来看看鲁迅发现与剖析的是怎样的一种知识分子类型。

首先我们看,鲁迅怎样为这类知识分子"命名",这可以说是鲁迅论战的基本方法,有点像绍兴师爷喜欢给对方起绰号,绰号一取,一辈子都逃不了。鲁迅对于"现代评论派"有两个命名,首先是"特殊知识阶级"。这倒不是鲁迅的发明,而是他们自己说的。1925年,段祺瑞政府召开"善后会议",准备成立国民会议,胡适这批教授对此表现了极大的热情。有些英美留学生还专门组织了"国外大学生毕业参加国民会议同志会",向善后会议提请愿书,声称"国民代表会议之最大任务为规定中华民国宪法,留学生为一特殊知识阶级,毋庸讳言,其应参加此项会议,多多益善"。《现代评论》一卷二期也发表了一篇题为《我们所要的一个善后会议》的文章,说在当前中国政治上有三大势力:军阀,有兵权;政治家,有政治势力;尤其不可忽视的是"在社会具有一种精神的势力,而常为一切政治运动社会运动的指导者之智识阶级",因此,善后会议必须有"智识阶级的领袖"参加,这些"物望所归之中坚人物"将以其"政治上之实力与人格上之权威"在中国政治中发挥指导作用[2]。正像后来鲁迅所批评的,这班从外国留

---

[1] 参看阎晶明:《无所顾忌的作家与教授——我看鲁迅与陈西滢的笔墨官司》,载《鲁迅研究月刊》1999年第7期。
[2] 周鲠生:《我们所要的一个善后会议》,载《现代评论》第1卷第2期,1924年12月20日。

学回来的大学教授"以为中国没有他们就要灭亡的"[1],仿佛他们留过学,就应该享有一种特殊的权力。徐志摩就在一篇题为《汉姆雷德与留学生》的文章中说:"我们是去过大英国,莎士比亚是英国人,他写英文的,我们懂英文的,在学堂里研究过他的戏","你们没到过外国、看不完全原文的当然不配插嘴,你们就配扁着耳朵悉心的听。……没有我们是不成的,信不信?"[2]这样强烈的知识权力意识与因背靠着外国势力而产生的精神优越感,自然会引起鲁迅的强烈反感。或许更为重要的是其背后的分歧:这班留学英美的教授的自我定位是现代中国的设计者、指导者和中坚力量;而他们的现代中国的设想又是很简单的,就是把英美的东西全盘搬过来。而鲁迅恰好要对这样的"现代中国的设计者和指导者"提出质疑,鲁迅始终抓住"特殊的知识阶级"不放,这可能是更为内在的原因。

鲁迅给这些"现代评论派"的教授的另一个命名,叫做"正人君子",有时也称之为"文人学士"。根据电脑的统计,"正人君子"的概念在鲁迅著作里出现了五十九次,"文人学士"概念出现二十九次,都是相当频繁的。"正人君子"是中国传统知识分子的称谓,是和"小人"相对立的,指的是那些自认有学问、有道德的,而且又是在政治权力周围的知识分子,既是道德家,学问家,同时又与统治阶级有一种依附关系。在鲁迅看来,"现代评论派"的这些教授一方面是"特殊知识阶级",以受西方教育为资本,以在中国实现西方式的现代化为理想,骨子里又是中国传统的"正人君子"。鲁迅通过这样两个命名,发现了受西方思想影响的所谓中国的新派知识分子,和传统知识分子精神上的内在联系。他再一次发现了"旧"在"新"中的

---

1 《集外集拾遗补编·关于知识阶级》,《鲁迅全集》第8卷,第193页。
2 徐志摩:《汉姆雷德与留学生》,载1925年10月26日《晨报副镌》。

复活,或者说,在新绅士的躯壳里看到了旧道学家的鬼魂。鲁迅于是又开始了伟大的灵魂拷问,当然,同时也在拷问着自己。这就是说,鲁迅在与现代评论派的论战中,并不着眼于对陈源们所提出的英美自由主义理念本身的批判,而更关注于他们的自由主义理念运用到中国的现实中——例如,在中国教育当局与学生的对抗中——他们所持的态度,实际所发生的作用,以及由此而暴露出的他们灵魂深处的一些东西。

三

鲁迅的方法依然是抓"关键词语"。

首先是"公理",在鲁迅杂文中,先后出现了四十七次。鲁迅说——

> 公理和正义,都被正人君子夺去了,所以我已经一无所有。[1]

> ……所谓学者,文士,正人,君子等等,据说都是讲公话,谈公理,而且深不以"党同伐异"为然的。可惜我和他们太不同了,所以也就被他们伐了一下,——但这自然是为"公理"之故。[2]

这批自由主义知识分子将西方理念赋予"公理"的价值,即绝对真理性的东西,具有不可置疑性;并以此为标准,凡不符合公理——自由主义理念的东西,都加以讨伐。他们以公理和正义的化身、代表自居,以道德的崇高性自炫,这本身就透露出浓厚的中国传统假道学的气息。那些道学家们就是以真理与道德的垄断者的身份轻易地审判别人,"以理杀人"的。鲁迅这样的精神界战士从来都是这

---

[1] 《而已集·辞"大义"》,《鲁迅全集》第3卷,第460—462页。
[2] 《〈华盖集〉题记》,《鲁迅全集》第3卷,第4页。

些假道学家的天敌。他现在遇到的不过是"老谱新用"罢了。

而对这些新老假道学是无理可讲的。唯一的办法就是将道貌岸然的"言"与其"行"相对照,以显出原形。

比如这批自由主义绅士,讲得最多的是"保护少数"。这确是自由主义基本理念,陈源们支持杨荫榆,据说就是因为杨荫榆是"群众专制"的牺牲品,他们要保护杨荫榆校长这个"少数"。如果就将此理念坚持到底,也不失为一种立场,一种选择。但是后来教育总长章士钊利用权力,下命令解散女师大,且派员警、流氓把不服从的学生强拉出学校,并另外挂一牌子,叫"女子大学",在他们的威逼下,女师大学生分化了,大部分学生回到了女子大学,少数学生被赶走了,这些学生成立了女师大校务维持会,要求回到原来的校址。这时绅士们又出来说话了。陈源说,闹了半天女师大只有二十人,而这边有一百八十人,"难道女师大校务维持会招了几个新生也去恢复吗?"[1]这又举起了"少数服从多数"的旗帜。鲁迅当然抓住不放,写了一篇《这回是"多数"的把戏》,进行尖锐的揭露——

可惜正如"公理"的忽隐忽现一样,"少数"的时价也四季不同的。杨荫榆时候,多数不该"压迫"少数,现在是少数应该服从多数了。

鲁迅进一步质问——

"要是"帝国主义者抢去了中国大部分,只剩了一二省,我们便怎样?别的都归了强国了,少数的土地,还要维持么?![2]

---

1 西滢:《闲话》,载《现代评论》第3卷第55期,1925年12月26日出版。
2 《华盖集·这回是"多数"的把戏》,《鲁迅全集》第3卷,第174页。

这是抓住了要害的：此时此地"正人君子"鼓吹"少数服从多数"的强权逻辑，与彼时彼地用"保护少数"来为权势者（杨荫榆）辩护，其本质不变，他们并没有真正信奉和坚持自由主义理念，不过是玩把戏而已。

还有"宽容"、"公允"，这大概也是自由主义的"公理"。陈源们不是早就据此给鲁迅等支持学生的教授横加"不宽容，不公允"的罪名么？但当杨荫榆在章士钊政府的支持下很不宽容地对学生一再施加暴力时，却不见这些讲宽容的教授为学生说一句话。但等到女师大要恢复原校时，这些教授又组织了个"教育界公理维持会"，并在宣言书里说："而于该校附和暴徒，自堕人格之教职员，即不能投畀豺虎，也宜屏诸席外，弗与为伍。"这般杀气腾腾，简直欲置对方于死地，再没有半点"宽容"了。鲁迅立即写了《"公理"的把戏》，指出："他们之所谓'暴徒'，盖即刘百昭（时为教育部专门教育司司长——引者注）之所谓'土匪'，官僚名流，口吻如一"，"'投虎''割席'，'名流'的熏灼之状，竟至于斯"，虽"自诩是'所有批评都本于学理和事实，绝不肆口嫚骂'，而忘却了自己曾称女师大为'臭毛厕'，并且署名于要将人'投畀豺虎'的信尾"[1]，不仅是谩骂，已经是恫吓了。可见高谈"宽容"、"学理"、"事实"，依然是掩饰自己真实立场的"把戏"。

还有"流言"。所谓"流言"就是传播谣言，捏造事实，横加罪名。鲁迅说："我一生中，给我最大损害的并非书贾，并非兵匪，更不是旗帜鲜明的小人：乃是所谓'流言'。"[2] 所以鲁迅杂文中，"流言"这一关键词就出现了六十次。这大概是中国的"特殊知识阶级"的特殊产品，鲁迅说他们都是"伶俐人"，因而散布"流言"也格外有特色，或

---

1 《华盖集·"公理"的把戏》，《鲁迅全集》第3卷，第165、167页。
2 《华盖集·并非闲话（三）》，《鲁迅全集》第3卷，第151页。

者说特别有创造性吧。

比如，明明是自己散布流言，偏偏说是"听说"的，即所谓"暗地里"散布。鲁迅讽刺说："某种流言，大抵是奔凑到某种耳朵，写出在某种笔下的。"[1] 流言的制造者也就因此而"隐身"："这种'流言'，造的是一个人还是多数人？姓甚，名谁？"就再也"查不出"了[2]。鲁迅说这是"放冷箭"："有人受伤，而不知这箭从什么地方射出。"[3]——这也是"无物之阵"[4]。

更加令人目瞪口呆的是，当你正在四处寻找流言出自谁之手时，又一个流言出来了："听说"这流言就是你自己散布的，"自造自己的'流言'，这真是自己掘坑埋自己，不说聪明人，便是傻子也想不通"。对这类事，鲁迅说："(到)'刑名师爷'的笔下就简括到只有两个字：'反噬'。"[5]

流言还有个特点，它是"流"的，因此，在制造另外一人的流言时，也会把你莫名其妙地"流"进去。比如陈源那封著名的《闲话的闲话之闲话引出来的几封信》，就是因与周作人论辩而"流"及鲁迅，大谈"先生兄弟两位"捏造事实，传布流言云云。这样"因为亲属关系而灭族"，鲁迅说，正和"文字狱株连一般"[6]。

可以看出，构成"流言"特点的"放冷箭"、"反噬"，以及"株连术"之类，都是中国传统的"老谱袭用"，现代"正人君子"用得如此得心应手，原也不奇怪。不过，因为同时又是"特殊知识阶级"，用起来也得有些"现代"特色，于是就充分利用现代媒体来传播流言。而现代媒体的弊端之一就是喜欢炒作流言，一直到今天都是如此。流言借助

---

[1]《华盖集·并非闲话》,《鲁迅全集》第3卷，第77页。
[2]《华盖集·并非闲话（三）》,《鲁迅全集》第3卷，第151页。
[3]《华盖集续编·无花的蔷薇》,《鲁迅全集》第3卷，第155—156页。
[4] 参看鲁迅:《野草·这样的战士》,《鲁迅全集》第2卷，第214—215页。
[5]《华盖集续编·不是信》,《鲁迅全集》第3卷，第222页。
[6] 同上。

于媒体广泛流传,当事人却无从辩驳,而且如鲁迅说:"无论是谁,只要站在'辩诬'的地位的,无论辩白与否,都已经是屈辱。"[1]在当事人沉默的情况下,流言就非常能够迷惑人,并且很容易成为人们茶余饭后的谈资。——不仅"正人君子"津津乐道于流言,小市民(他们是现代媒体的主要对象)更是乐此不疲,尤其喜欢谈论有关名人的流言。作为一个知识分子,既被污水泼身,却无权、无力洗刷,由此造成的精神伤害,是非亲历者所绝难想象的,尤其是鲁迅这样敏感的知识分子,其伤害更是深入骨髓。而且流言重复多次,就仿佛真成了事实,鲁迅说:"一遇流言,便连自己也仿佛觉得真是犯了罪,怕遇见人们的眼睛"[2],这样的自我怀疑是可怕的。

而流言制造者并不满足于仅仅泼点污水,它更是讲给统治者听的:这才是要害所在。所以"三·一八惨案"发生以后,鲁迅立即尖锐地指出:"去年,为'整顿学风'计,大传播学风怎样不良的流言,学匪怎样可恶的流言,居然很奏了效。"[3]流言是为统治者镇压异己者制造舆论的。鲁迅对流言及流言制造者的愤怒,也正源于此。

通过"正人君子"、"公理"、"公允"、"流言"等关键词的剖析,对这样一批中国的"特殊知识阶级",鲁迅作了这样一个概括——

用了公理正义的美名,正人君子的徽号,温良敦厚的假脸,流言公论的武器,吞吐曲折的文字,行私利己,使无刀无笔的弱者不得喘息。[4]

---

1 《华盖集·忽然想到(十)》,《鲁迅全集》第3卷,第88页。
2 《朝花夕拾·琐记》,《鲁迅全集》第2卷,第292页。
3 《华盖集续编·可惨与可笑》,《鲁迅全集》第3卷,第269页。
4 《华盖集续编·我还不能"带住"》,《鲁迅全集》第3卷,第244页。

鲁迅据此而进一步挖掘这些特殊知识阶级的灵魂,于是,又有了重要的发现。

首先是"官魂"。

鲁迅揭露,虽然正人君子们标榜独立,其实是依附官方的:从一开始就呼吁"教育当局"严厉"整顿","万不可敷衍姑息";当"士钊秘书长运筹帷幄,假公济私,谋杀学生,通缉异己之际,'正人君子'时而相帮讥笑着被缉诸人的逃亡,时而'狐桐先生''狐桐先生'叫得热辣辣地"[1];直到将不同意见者横加"学匪"、"土匪"、"学棍"的罪名,如鲁迅所说,这就是"行官势,摆官腔,打官话","那灵魂就在做官"。鲁迅进一步追问,这样一些特殊知识阶级,在中国这种专制体制下,到底扮演一个什么角色?鲁迅说:"人被压迫了,为什么不斗争?正人君子者流深怕这一着,于是大骂'偏激'之可恶。"[2]并且一语点破:这些文人学者,其实就是俄国小说中"教人安本分的老婆子"[3]。在中国统治结构中起到了"带头羊"的作用:戴着"智识阶级的徽章","领了群众稳妥平静地走去,直到他们应该走到的所在",也即任受宰割的死亡之路[4]。

其次是"做戏的虚无党"。

首先是"虚无",什么也不相信。鲁迅提了一个不容回避的尖锐问题:这些中国"特殊的知识阶级",搬来了西方自由主义理论,口口声声"公理"、"公允"、"宽容"、"保护少数"、"学理"、"事实",他们"是'信'而'从'呢,还是'怕'和'利用'?"答案是清楚的:只要看他们怎样"言行不符,名实不副,前后矛盾","只要看他们

---

[1]《华盖集续编·再来一次》,《鲁迅全集》第3卷,第299页。
[2]《三闲集·文艺与革命》,《鲁迅全集》第3卷,第83页。
[3]《华盖集续编·记谈话》,《鲁迅全集》第3卷,第375页。
[4]《华盖集续编·一点比喻》,《鲁迅全集》第3卷,第217页。

的善于变化,毫无特操,是什么也不信从的"[1]。"无特操"本是许多知识分子的一个根本的弱点,中国古代知识分子中就有不少这样的"无特操"者,现在鲁迅面对这些现代"正人君子"的种种表现,就不能不有"故鬼重来"之感。

既然什么也不信,并无真信仰,为什么还要这么说呢?只有一个解释:做戏而已。鲁迅说:"什么保存国故,什么振兴道德,什么维持公理,什么整顿学风……心里可真是这样想?一做戏,则前台的架子,总与后台的面目不相同。但看客们明知是戏,只要做得像,也依然能够为它悲喜,于是这出戏就做下去了;有谁来揭穿的,他们反以为扫兴。"[2]可以想见,鲁迅在这些"特殊知识阶级"身上,发现了"做戏的虚无党"的鬼魂的时候,他的心情是沉重的。20世纪初,他就提出过"伪士当去"的召唤,当时,他所谓的"伪士",主要是中国现代知识分子的前身——半新半旧的维新派人士;而现在,他从这些完全受到西方教育的新的知识分子,自认为现代中国设计者、指导者的知识分子身上,又发现了"伪士"衣钵的继承,而且这些现代"伪士"比当年的伪士更为可怕:于是鲁迅再一次面对着历史的循环,而且是恶性的循环。

问题的严重性更在于,正是这些现代伪士在支配着中国教育界、舆论界,拥有着话语的霸权,对"无刀无笔的弱者"实行精神的压迫,而这种精神压迫又最终将导致政治的压迫,使得他们"不得喘息"。鲁迅因此而意识到,他与这些"特殊知识阶级"的论争,就绝不是个人之间的事:他站在"无刀无笔的弱者"一边,感受着他们受到压迫却不得说话的痛苦;他说:"我还有笔",就一定要用这支

---

[1]《华盖集·十四年的"读经"》《华盖集续编·马上支日记》,《鲁迅全集》第3卷,第128、328页。
[2]《华盖集续编·马上支日记》,《鲁迅全集》第3卷,第327页。

笔揭穿骗人的谎言,说出自己所看到的真相。因此,当陈源的朋友高喊"带住"时,鲁迅这样回答——

  我自己也知道,在中国,我的笔要算较为尖刻的,说话有时也不留情面。但我又知道人们怎样用了公理和正义的美名,正人君子的徽号,温良纯厚的假脸,流言公论的武器,吞吞吐吐曲折的文字,行私利己,使无刀无笔的弱者不得喘息。倘使我没有这笔,也就是被欺侮到赴诉无门的一个;我觉悟了,所以要常用,尤其是用于使麒麟下露出马脚。……只要谁露出真价值来,即使只值半文,我决不敢轻薄半句。但是,想用了串戏的方法来哄骗,那是不行的;我知道的,不和你们来敷衍。
  ……只要不再串戏,不再摆臭架子,忘却了你们的教授的头衔,且不做指导青年的前辈,将你们的"公理"的旗插到"粪车"上去,将你们的绅士衣裳抛到"臭茅厕"里去,除下假面具,赤条条地站出来说几句真话就够了!¹

  这是典型的鲁迅之风。每读到这样的文字,都会感受到一种气势,一股浩然之气、凛然之气、真率之气,而且很痛快:终于有人为无刀无笔的弱者说话了!
  鲁迅反复强调的一点就是"真"。他对知识分子只有一个要求,就是"赤条条地站出来说几句真话","露出真价值来"。我们可以设想,如果一开始,陈源和他的朋友就公开地表里如一地支持杨荫榆,鲁迅当然也会反对,但不会这么死抓不放。而一旦陈源们要掩饰自己的真实立场,不说出真话,并摆出正人君子的架子,鲁迅就必要作出强烈的反应。鲁迅在评价知识分子的时候,关注的是真和假;只要你是真的,即使观点和我不一样,我仍然是尊重你的。鲁迅写过一篇文章叫《十四年的"读经"》,就谈到"诚心诚意主张读经",尽管观点显得迂腐,却"绝无钻营,取巧,

---

1 《华盖集续编·我还不能"带住"》,《鲁迅全集》第3卷,第244页。

献媚的手段",也"一定不会阔气",鲁迅称之为"笨牛"——这自然含有贬义,但也未尝不含有某种欣赏之意,因为真诚地坚守自己真信仰的东西,即使愚笨也笨得可爱。而鲁迅所要批判的正人君子并不是真读经,"是明知道读经不足以救国的,也不希望人们都读成他自己那样的","'读经'不过是这一回耍把戏偶而用到的工具"[1],鲁迅就绝不与之敷衍,非要周旋到底了。

四

鲁迅不以自己的价值观作为评价知识分子的标准,最根本的原因还在于,和这些以指导者自居的"特殊知识阶级"不同,他公开承认:"我还没有寻到公理或正义。"后来他回顾这场论战时一再强调,"不过意见和利害,彼此不同,又适值在狭路上遇见,挥了几拳而已",并不是因为自己掌握了"公理",他说:"我就不挂什么'公理正义',什么'批评'的金字招牌。"[2]因此,他说陈源们"只要露出真价值来,即使只值半文,我决不轻薄半句",这是绝对真诚的。他还说他的原则是:绝不主动挑战,无非你先以"秽物掷人","我可要照样的掷过去","但对于没有这样举动的人,我却不肯首先动手";而所谓"掷过去",所谓"以眼还眼,以牙还牙",也是"以文字为限,'捏造事实'和'散布流言'的鬼蜮的长技,自信至今还不屑为"。鲁迅说,"在马弁的眼里"我自然是"土匪","然而'盗亦有道'的"[3]。

更重要的是,鲁迅在无情地解剖别人,拷问"正人君子"的灵魂时,他更在无情地解剖自己。或者说,对陈源们来说,论战无非是打打笔墨官司,打完了,不管打输打赢就算完

---

1 《华盖集·十四年的"读经"》,《鲁迅全集》第3卷,第128、129页。
2 《集外集拾遗补编·新的世故》,《鲁迅全集》第8卷,第152页。
3 《华盖集续编·学界的三魂"附记"》,《鲁迅全集》第3卷,第209页。

了；只是这一次他们遇到了强有力的对手，在鲁迅不依不饶的韧性战斗之前，显得有几分被动，几分狼狈而已。而在鲁迅这里，却引起了巨大的情感波澜，精神的痛苦熬煎：所有外在的黑暗全部转化为内心的黑暗，所有外在的反抗也都转化为内心的挣扎。

于是，我们注意到，1925年12月31日晚，鲁迅在编完《华盖集》（那里收入了大量的与现代评论派论战的文章）以后，写了这样一篇"题记"——

在一年的尽头的深夜中，整理了这一年所写的杂感，竟比收在《热风》里的整四年中所写的还要多。意见大部分还是那样，而态度却没有那么质直了，措辞也时常弯弯曲曲，议论又往往执滞在几件小事情上，很足以贻笑于大方之家。然而那又有什么法子呢。我今年偏遇到这些小事情，而偏有执滞于小事情的脾气。

我知道伟大的人物能洞见三世，观照一切，历大苦恼，尝大欢喜，发大慈悲。但我又知道这必须深入山林，坐古树下，静观默想，得天眼通，离人间愈远遥，而知人间也愈深，愈广；于是凡有言说，也愈高，愈大；于是而为天人师。我幼时虽曾梦想飞空，但至今还在地上，救小创伤尚且不及，那有余暇使心开意豁，立论都公允妥洽，平正通达，像"正人君子"一般；正如沾水小蜂，只在泥土上爬来爬去，万不敢比附洋楼中的通人，但也自有悲苦愤激，决非洋楼中的通人所能领会。

……

现在是一年的尽头的深夜，深得这夜将尽了，我的生命，至少是一部分的生命，已经耗费在写这些无聊的东西中，而我所获得的，乃是我自己的灵魂的荒凉和粗糙。但是我并不惧惮这些，也不想遮盖这些，而且实在有些爱他们了，因为这是我辗转而生活于风沙中的瘢痕。凡有自己也觉得在风沙中辗转而生活着的，会知道这意思。

一九二五年十二月三十一日之夜,记于绿林书屋东壁下。[1]

"在一年的尽头的深夜"里,鲁迅对流逝的生命与自我灵魂的凝视,是十分动人的。

我们看到,正是这一年与陈源们的论战,迫使鲁迅紧张地思考在中国现实的时空下自己的选位,生命价值与命运所在。更通俗地说,就是"我是谁?我在哪里?我将拥有怎样的灵魂与命运?"这正是1925年最末一日的这个深夜里,——鲁迅后来写过一篇《夜颂》,说"人的言行,在白天和深夜,在日下和在灯前,常常显得两样。夜是造化所织的幽玄的天衣,普覆一切人,使他们温暖,安心,不知不觉的自己渐渐脱去人造的面具和衣裳,赤条条地裹在这无边际的黑絮似的大块里"[2]——鲁迅面对"赤条条"的自我时,所要进行的拷问。

于是,就有了一系列对立的概念。

我是谁?——我不是"正人君子","通人","学者","文士",更不是"伟大的人物","天人师";我是"常人","俗人"。

我在哪里?——我不在"山林"、"古树"下,也不"飞空",我至今还在"地上"。我不远"离人间",还"活在人间"。我不在"洋楼"中,只在"泥土"里爬来爬去。我不进"艺术之宫",只愿站在"沙漠"上。

我有什么命运?——我不会"成佛作祖",但是我确被华盖"罩住",只好"碰钉子"。

我将拥有什么?——我无法历"大苦恼",尝"大欢喜",发"大慈悲",但也自有"悲苦愤激",而且有自己灵魂的"荒

---

[1] 《华盖集·题记》,《鲁迅全集》第3卷,第3—5页。
[2] 《准风月谈·夜颂》,《鲁迅全集》第5卷,第193页。

凉和粗糙"[1]。

这里鲁迅对正人君子、通人与学者文士的拒绝，是意味深长，意义重大的。

这首先意味着他深刻地意识到，自己是那些作为知识的压迫者与政治压迫的合谋与附庸的"特殊知识阶级"的异类。他对这些现代"伪士"，竟然有一种生理上的厌恶，他说："丑态而蒙着公正的皮，这才催人呕吐。"[2]他甚至不无恶意地要故意捣乱，反其道而行之，以自己的存在来打破他们的一统天下。他一再地声称——

（我）不想和谁去争夺公理或正义。你要那样，我偏要这样是有的；偏不遵命，偏不磕头是有的；偏要在庄严高尚的假面上拨它一拨也是有的，此外却毫无什么大举。[3]

（我）愿使偏爱我的文字的主顾得到一点喜欢；憎恶我的文字的东西得到一点呕吐，我自己知道，我并不大度，那些东西因我的文字而呕吐，我也很高兴的。

（我）就是偏要使所谓正人君子也者之流多不舒服几天，所以自己便特地留几片铁甲在身上，站着，给他们的世界多有一点缺陷，到我自己厌倦了，要脱掉了的时候为止。[4]

这样的"偏要"的选择，在盛行中庸之道的中国知识分子中是少见的；这样的自觉意识并始终坚持的"异己"感，在喜欢认同，恐惧不被承认的中国知识分子中，也是少见的；但这也正是鲁迅之为鲁迅的原因。

也许更值得注意的是，鲁迅对"艺术之宫"里的，也即学院体制内的"学者"身份的警觉与拒绝。鲁迅当然知

---

[1]《华盖集·题记》，《鲁迅全集》第3卷，第315页。
[2]《华盖集·答KS君》，《鲁迅全集》第3卷，第111页。
[3]《华盖集续编·小引》，《鲁迅全集》第3卷，第183页。
[4]《坟·写在〈坟〉后面》，《鲁迅全集》第1卷，第283、284页。

道学院体制内的"学者"和前面所说的"特殊知识阶级"并不是完全等同的概念,但他对之同样有着深刻的疑惧。据鲁迅说,在1925年,他曾多次被封为"学者"。年初,当他主张中国青年"要少——或者竟不——看中国书,多看外国书"时[1],就有人出来说话了,以为"素称学者的鲁迅"不应该如此。后来鲁迅和章士钊论战,特别是章士钊非法取消他的佥事职务,鲁迅向法院上告时,又有论客出来指责鲁迅"确是气量狭窄,没有学者的态度"。陈源们为了显示自己的"公允",也多次称鲁迅为"学者"、"文学家"。不是说鲁迅"多疑"吗?鲁迅真的就警觉起来:为什么人们总希望、要求我做学者呢?还有"学者的态度、气量",又是什么呢?鲁迅终于醒悟:所谓"学者的态度、气量"就是要"做一个完人,即使敌手用了卑劣的流言和阴谋,也应该正襟危坐,毫无愤怨,默默地吃苦;或则戟指嚼舌,喷血而亡",据说只有这样端起学者的架子,才能"顾全"自己的"人格"[2]。《现代评论》三卷六十六期还真的发表了一篇文章来讨论"绅士"的"架子",据说"一个人生气到了应该发泄的时候,他不发泄","一个人失意或得意到了应该忘形的时候,而他不忘形",这就是绅士风度[3]。这或许也算是一种涵养吧,但这一套对鲁迅是根本无用也无效的。他倒因此而明白:所谓学者的头衔、尊严,不过是"公设的巧计,是精神的枷锁,故意将你定为'与众不同',又藉此来束缚你的言动,使你于他们的老生活上失去危险性的"[4]。也就是说,在鲁迅看来,"学者"不仅是一个称号,更意味着一种规范,在学院的"艺术之宫"里是有许多"麻

---

1 参看《华盖集·青年必读书》,《鲁迅全集》第3卷,第12页。
2 《华盖集·"碰壁"之余》,《鲁迅全集》第3卷,第119页。
3 西林:《"臭绅士"与"臭架子"》,载《现代评论》第3卷第66期,1926年3月13日出版。
4 《华盖集·通讯》,《鲁迅全集》第3卷,第25页。

烦的禁令"的[1]。譬如说,"舆论是以为学者只应该拱手讲讲义的"[2],如果你在"讲讲义"之外,还要做什么社会批评、文化批评,特别是在课堂上不死念讲义,还要即兴发挥,那你就会被指责不像学者。还有,学者是必须有涵养的,不能随便生气,即使别人打上门来,你也得像陈源们那样,"吞吞吐吐","笑吟吟"的。陈源宣布鲁迅的一条大罪状就是"要是有人侵犯了他一言半语,他就跳到半天空,骂得你体无完肤——还不肯甘休",什么罪名呢?就是没有"学者风度"[3]。"不准生气,不准骂人,不准跳",这大概都是学院里的禁令。这些规范、禁令,对身份的划定,其实都是学院体制化的产物。在鲁迅看来,这都构成了对人的个体生命自由的某种束缚,这是以"立人"、个体精神自由为终极追求的鲁迅所绝对不能接受的。他宣称——

  我是大概以自己为主的。所谈的道理是"我以为"的道理,所记的情状是我所见的情状。
  我的话倘会合于讲"公理"者的胃口,我不也成了"公理维持会"会员么?我不也成了他,和其余的一切会员了么?我的话不就等于他们的话了么?许多人和许多话不就等于一个人和一番话么?
  公理是只有一个的。然而听说这早就被他们拿去了,所以我已经一无所有。[4]

  鲁迅在这里表达的是一种恐惧感:恐惧于在实现学院体制化、学术和学者规范化的过程中,会落入"许多人"

---

1 《华盖集·题记》,《鲁迅全集》第3卷,第4页。
2 《华盖集·通讯》,《鲁迅全集》第3卷,第26页。
3 《西滢致志摩》,载1926年1月30日《晨报副镌》。转引自鲁迅:《华盖集续编·不是信》,《鲁迅全集》第3卷,第227页。
4 《华盖集续编·新的蔷薇》,《鲁迅全集》第3卷,第291—292页。

变成"一个人"、"许多话"变成"一番话",思想学术文化被高度地一体化的陷阱之中。这就会导致知识分子的独立个性、自由意志和创造活力的丧失。他同时忧虑于人的生命本来应该有的野性的彻底丧失,"尤其是青年,就都循规蹈矩,既不嚣张,也不浮动,一心向着'正路'前进",不过是走向死路而已[1]。这都关乎鲁迅的根本信念、理想,在追求生命的独立、自由与创造活力这些基本点上,鲁迅是绝对不能做任何让步的。他必然要作出这样的选择——

  掷去了这种("学者"的)尊号,摇身一变,化为泼皮,相骂相打……[2]

  我以为如果艺术之宫里有这么麻烦的禁令,倒不如不进去;还是站在沙漠上,看看飞沙走石,乐则大笑,悲则大叫,愤则大骂……[3]

  这是一个自觉的自我放逐:把自己放逐于学院的体制之外,还原为一个独立的,自由的生命个体。这也就是鲁迅在《彷徨》题诗中所说——

  寂寞新文苑,平安旧战场。
  两间余一卒,荷戟独彷徨。[4]

  鲁迅自己则将其定位为"孤独的精神的战士"[5]。——他依然坚守住了20世纪初即已作出的选择。
  鲁迅当然明白他的这种自我放逐所要付出的代价,所

---

1 《华盖集续编·一点比喻》,《鲁迅全集》第3卷,第218页。
2 《华盖集·通讯》,《鲁迅全集》第3卷,第25页。
3 《华盖集·题记》,《鲁迅全集》第3卷,第4页。
4 《集外集·题〈彷徨〉》,《鲁迅全集》第7卷,第150页。
5 《华盖集·这个与那个·二,捧与挖》,《鲁迅全集》第3卷,第140页。

以他说自己必定是"运交华盖",被各式各样的,有形和无形的力量"罩住",从权势者的压迫到无物之阵的包围,不断地碰壁,永远碰钉子,被"打得遍身粗糙,头破血流"。也许更为致命的,是要陷入无休止的论战之中,如鲁迅自己所说,"水战火战,日战夜战,敌手都消灭了,实在无聊"[1],"一近漩涡,自然愈卷愈紧,……所得的是疲劳与可笑的胜利与无进步"[2]。与现代评论派的论争就是这样一场令人沮丧的论战:实在说,陈源和鲁迅不在一个水平线上,和不成为对手的对手论战是很无聊的——鲁迅终其一生(甚至包括他身后,甚至直至今日)也没有遇到真正的对手,这是他的一个悲剧。自己不会有多大进步却必须纠缠在里面,所以他说:"我的生命,至少是一部分的生命,已经耗费在写这些无聊的东西中,而我所获得的,乃是我自己的灵魂的荒凉和粗糙",心情是相当沉重的,同时袭来的是绵绵无尽的悲凉感。但是鲁迅说,他绝不后悔。这是一段很有名的话——

正人君子这回是可以审问我了:"你知道苦了罢?你改悔不改悔?"大约也不但正人君子,凡对我有些好意的人,也要问的。……我可以即刻答复:"一点不苦,一点不悔。而且倒很有趣的。"[3]

这种回答是真正鲁迅式的。这也是鲁迅说的:我"时时抚摩自己的凝血,觉得若有花纹,也未必不及跟着中国的文士们去陪莎士比亚吃黄油面包之有趣",我"实在有些爱"这"荒凉和粗糙"的灵魂,"因为这是我转辗而生活于风沙中的瘢痕"[4]。这确实是两种不同的生命价值:"陪

---

[1] 《书信·300222·致章廷谦》,《鲁迅全集》第12卷,第5页。
[2] 《书信·300327·致章廷谦》,《鲁迅全集》第12卷,第9页。
[3] 《而已集·通信》,《鲁迅全集》第3卷,第450页。
[4] 《华盖集·题记》,《鲁迅全集》第3卷,第4、5页。

莎士比亚吃黄油面包"的生命诚然舒适然而苍白,"转辗而生活于风沙中"自然辛苦却充实而自由:北京大学的教授们终于分道扬镳。

本文首次发表于《丽娃河畔论思想——华东师范大学"思与文"讲座演讲录》,华东师范大学出版社,2004年12月出版

与周氏兄弟相遇

鲁迅和北京、上海的故事

上篇：先讲一个心灵的故事
"空间"与"时间"：进入鲁迅世界的方法

在讲鲁迅与北京、上海的"故事"之前，先讲一点宏观的背景，讲一个进入鲁迅世界的方法。

我们都感觉到，鲁迅是说不完的。他的作品常读常新，他的世界可以从不同视角进入。我们讲鲁迅与北京、上海的故事，实际就是将其人其作品置于特定的"空间"与"时间"来考察与阅读。

鲁迅一生中有几次重要的空间转移：自从19世纪末1898那年，十八岁的鲁迅离开绍兴到南京矿路学堂学习，他就辗转于"南京—东京—杭州—北京—厦门—上海"几个城市之间；而每一次转移都对他的人生之路、文学之路产生重大影响，留下鲜明的印记。其中日本东京这个东方大都市，为他打开了通向世界的视窗，是他独立的人生之路与文学之路的起点，意义自是十分重大；而居住时间最长、体验最深的，是一个乡镇——他的故乡绍兴，与两个城市——北京与上海。他的创作激情正是源于从这三大空间所获取的乡村记忆与都市体验，而他由此而创造的"鲁镇（绍兴）世界"、"北京世界"与"上海世界"构成了鲁迅文学世界的主体。

人们很容易地就注意到"绍兴—北京—上海"这三大空间在传统中国与现代中国及其转型中的特殊地位。关于北京与上海在转型期中国的典型意义，人们多有分析，这里就不再重复。要提起讨论的是鲁迅的故乡绍兴。绍兴不仅有着古越文化与浙东文化的汉民族文化深厚传统，而且其所在的浙江正是近代中国对外开放的门户之一，较早地接受了西方文化的影响。正因为鲁迅在家乡奠定了深厚的文化根基，又具有了开放的眼光，这就使他在有机会接触到中国传统文化的典型代表北京文化和最具开放性与现代性的上海文化时，既能最大限度地吸取，又保持了自己的独立性。孕育、产生于这样的生存环境与文化空间中，他最终成为转型中的中国社会最伟大的观察者、描述者与最深刻的批判者，绝非偶然。

值得关注的，还有鲁迅进入这三大空间的"时间"。当中国传统社会与文化发展到了梁启超在《清代学术概论》里所说的"衰落期"，孕育着新的变革时，鲁迅正好在传统与民间文化资源都极其丰厚的绍兴水乡度过了自己的童年，接受了最初的教育，既感受到了传统社会与文化的没落与腐朽，又最后一次直接领悟着以后缺乏系统的传统教育的几代人无法感受的传统文化的内在魅力，同时受到了民间文化的熏陶，打下了精神的底子，成为他生命中永恒的记忆。

而在社会开始发生动荡，故家日显败落，意味着社会变革的临近的19世纪末，鲁迅既被现实所迫，又适时地离开家乡，"走异路，逃异地，去寻求别样的人们"，在"南京—东京"找到了西方"新学"的新天地，并开始了自己的新的独立创造。——这是第一次决定性的空间转移。

在1909年归国以后，鲁迅的生命中曾有过"沉默的十年"：先后流徙于杭州、绍兴诸地之后，在辛亥革命以后的历史落潮期，再次离开家乡，先到南京，又于1912年转移到北京，而当时的北京，表面的沉寂下正孕育着历史的大变动，这又是一次关键性的位移。当"五四"新文化运动大潮兴起，身处政治文化中心的北京，鲁迅成为"五四"新文学的开创者、奠基人，正是天时地利所致。

在经历了"五四"的落潮以后,鲁迅又离开北京,南下厦门、广州,目睹了革命高潮中的混乱与失败后的幻灭,于1927年年末起,作为一个自由撰稿人定居于上海。这是又一个适时的空间转移:中国文化、文学的重心,正由以北京为中心的大学学院转向以上海为中心的文化、文学市场;而20世纪30年代中国社会的都市化、现代化发展也是以上海为中心的。正是身处这样的旋涡中心,对现代都市文明的深切体验,成就了杂文家的鲁迅。

我们更可以扩大了说,正是前述空间与时间的交汇,铸造了鲁迅。

我们把关注的焦点集中在:鲁迅于辛亥革命后的低潮期来到北京,"五四"新文化运动退潮后离开北京,又于大革命失败后定居于上海,这样的特定的历史时空中所发生的故事。

我们更感兴趣的是,鲁迅在这样的时间的流动,空间的转徙中的心理反应和心态。也就是说,我们所要讲的故事,主要是一个"心灵的故事":这可能更是文学化的观照。但能够提供做这方面的考察的材料很少,我们现在只能利用书信与日记里的一些线索。

"北京风物何如?":鲁迅如何逃离家乡,来到北京

1910年8月15日,鲁迅致书时在北京工作的好友许寿裳,谈到当年在浙江两级师范学堂的"故人分散尽矣,仆无所之",只得暂在绍兴府中学堂任教,表示有去乡之意:"他处有可容足者不?仆不愿居越中也,留以年杪为度",并问:"北京风物何如?"[1]——这是第一次透露了他对北京的兴趣与关切。

---

[1]《书信·100815·致许寿裳》,《鲁迅全集》第11卷,人民文学出版社,2005年,第333页,下同,不一一注明。

在以后的书信里，又不断提及自己彷徨无地之苦境，及对"北方"的关注——

1910年11月15日致书许寿裳："中国今日冀以学术干世，难也。……颇拟决去府校（指绍兴府中学堂），而尚无可之之地也。……仆荒落殆尽，手不触书，唯搜求植物，不殊曩日，又翻类书，荟集古逸书数种，此非求学，以代醇酒妇人者也。"[1]——这里所提出的"以学术干世"的理想，以及对这一理想的质疑，以及对自己"手不触书"，不能真正"求学"的不满与苦闷，都非常重要，这或许正是他关注北京，并终于北上的内在动因。

1910年12月21日致许寿裳，仍注目于北方风景："……闻北方多风沙，诸唯珍重……"[2]

1911年1月2日致许寿裳书，一开头就说："闻北方土地多溽淖（注：潮湿泥泞），而越中亦迷阳（注：有刺的草）遍地，不可以行。"又言："近读史数册，见会稽往往出奇士，今何不然？甚可悼叹！上自士大夫，下至台隶，居心卑险，不可施救，神赫斯怒，湮以洪水可也"，对今之乡人的失望、不满已到了不能相容的地步。在感慨"吾乡书肆，几于绝无古书，中国文章，其将陨落"以后，又突然发问："闻北京琉璃厂颇有典籍，想当如是，曾一览否？"[3]——他依然念着北京，而此刻他心目中的北京，是一个或许能够读书求学的地方。

两个月以后，3月7日他又致书许寿裳，谈到家境的窘迫："卖田之举去年已实行，资已早罄，迩方析分公田"，明确表示去越北上的意愿："越中棘地不可居，倘得北行，意当较善乎？"[4]

---

1 《书信·101115·致许寿裳》，《鲁迅全集》第11卷，第335页。
2 《书信·101221·致许寿裳》，《鲁迅全集》第11卷，第337页。
3 《书信·110102·致许寿裳》，《鲁迅全集》第11卷，第341页。
4 《书信·110307·致许寿裳》，《鲁迅全集》第11卷，第345页。

又过一个月，在4月12日给许寿裳的信中，谈到和一群朋友拟成立越社，"集资刊越先正著述"，尽管失望，仍不忘为家乡文化的承传尽力，并比之为"蚊子负山之业"，"此蚊不自量力之勇，亦尚可嘉"。而信的结尾，仍不忘问："北京琉璃厂肆有异书不？"——可谓向往之至。[1]

7月31日致书许寿裳，谈到自己两个月前为催促周作人回国（因家庭经济困难，无以支持其在国外读书）去了一趟东京，深感自己"闭居越中，与新颢久不相接，未二载遽成村人，不足自悲悼耶"。又谈及自己的困境："越中学事，唯从（纵）横家乃大得法，不才如仆，例当沙汰"；而"家食既难，它处又无可设法"；欲北上又多有顾虑，恐"京华人才多于鲫鱼，自不可入"；最后只能"欲在它处得一地位，虽远无害，有机会时，尚希代为图之"[2]。鲁迅真的无地存身了——其实这样的命运与感觉是追逐了他一生的。而此时的鲁迅，已是迫不及待，不管去哪里，只要能逃离家乡就好。

这年夏天，鲁迅毅然辞去了绍兴府中学堂的一切职务，却"没有地方可去"，他后来在《自叙传略》里回忆说，"想在一个书店去做编译员，到底被拒绝了"[3]，平静的叙述背后，是一种被困的无奈。

但正在走投无路之时，辛亥革命爆发了。绝望中的鲁迅仿佛看到了新的希望，他立刻投身其中，回到了学校，以后又被革命政府任命为浙江山会初级师范学校监督，被推为《越铎日报》名誉总编辑。但很快鲁迅就发现，尽管满眼白旗，仿佛革命已经胜利，"内骨子是依旧的"，革命党人也被投机者所"包围"，成了新的官僚。

---

1 《书信·110412·致许寿裳》，《鲁迅全集》第11卷，第346页。
2 《书信·110731·致许寿裳》，《鲁迅全集》第11卷，第348—349页。
3 《集外集·俄文译本〈阿Q正传〉序及著者自叙传略》，《鲁迅全集》第7卷,第85—86页。

正在他陷入了更深刻的绝望的时候,接到了许寿裳的来信,时任南京临时政府教育总长的蔡元培邀他去部任职,好友范爱农也这样劝他:"这里又是那样,住不得。你快去罢。……"鲁迅说:"我懂得他无声的话",决计离乡而去[1]。他先到了南京,后来又随教育部北迁而去了北京。——可以说这是鲁迅第二次逃离家乡:时已三十二岁的鲁迅,和十八岁时的他一样,再一次"走异路,逃异地,去寻求别样的人们"[2]。

初到北京:琉璃厂,厂甸书摊,西小市,广和居

这是鲁迅1912年5月5日的日记:"上午十一时舟抵天津。下午三时半车发,途中弥望黄土,间有草木,无可观览。约七时抵北京……"——这里,北方风景:"黄土"第一次出现在鲁迅的视野里,但似乎并没有引起他的兴趣:他或许还沉浸在绍兴水乡的记忆里吧。

在一切安顿下来以后,鲁迅第一件事就是寻访琉璃厂。在5月12日(即到京后的第七天)的日记里,就有和许寿裳等同乡好友"至琉璃厂,历观古书肆",购书一部七本的记载。这月25日、26日、30日又连续三次去琉璃厂,像30日这天,白天刚"得津贴六十元",晚上就赶去琉璃厂,"购《史略》一部两册,八角;《李龙眠白描九歌图》一帖十二枚,六角四分;《罗两峰鬼趣图》一部两册,两元五角六分"[3]。

从此,鲁迅与琉璃厂就结下了不解之缘,如学者所描写的,"十五年中,浏览古书,访求碑帖,收集信笺,时时徜徉于海王村畔、厂肆街前",鲁迅真的是乐于其中了。

---

1 《朝花夕拾・范爱农》,《鲁迅全集》第2卷,第324、325、326页。
2 《〈呐喊〉自序》,《鲁迅全集》第1卷,第437页。
3 《日记・壬子日记(一九一二年)》,《鲁迅全集》第15卷,第1—3页。

先生于1932年11月最后一次回北京，住了十六天，又去了三次琉璃厂，27日那天日记中写道："……午后往师范大学演讲，往信远斋买蜜饯五种，共泉十一元五角"。于是，就有了这样的描写与想象——

在东琉璃厂进口不远路南，那小小的两间门面的信远斋，嵌着玻璃的绿油漆的老式窗棂，红油漆的小拉门，前檐悬着一块黑漆金字匾额，写的是馆阁体的"信远斋"三个字，在初冬的下午的阳光斜照中，鲁迅先生提着几包桃脯、杏脯之类的蜜饯，在店主萧掌柜拉门送客，"您慢点儿走……回见……"声中走出来，坐上车，回到城里西四宫门口家中。这普普通通的一点情景，谁能想到这就是鲁迅先生最后一次告别自己多年来不知徜徉过多少趟的琉璃厂呢？真是"逝者如斯夫"，此情此景，应该早已和琉璃厂的气氛融合在一起了吧。[1]

写这段颇为动情的文字的是著名的学者邓云乡先生，他写有《鲁迅与北京风土》一书，根据《鲁迅日记》的记载，重现鲁迅在北京生活时的风土情况，以及鲁迅的独特观察与感受，这样，我们读者也可以藉此从日常生活这一层面进入鲁迅世界，想象他当年的音容笑貌，把握他与北京关系中更为微妙的方面。

这里只介绍书中一些我以为特别有意味的细节：一是鲁迅除经常出入于琉璃厂的书肆、碑帖店、古钱铺、南纸店、古玩铺外，特别爱逛附近厂甸的书摊。"北京是几百年的文化古城，学者多、教授多、教员多、学生多，所以书摊边上簇拥的人也绝不比珠宝摊、古玩摊的人少，同样是拥来拥去。鲁迅先生甲寅（一九一四年）一月三十一日记道：'午后同朱吉轩游厂甸，遇朱逖先、钱中季、沈君默'。二月八日记道：'……观旧书，价贵不可买，遇相识者甚多。'

---

[1] 邓云乡：《鲁迅与北京风土》，文史资料出版社，1982年，第6页，下同，不一一注明。

从这些日记中,很可以窥见当时厂甸书摊上,是学人们常常见面的地方了。""过去常说王渔洋当年,人们不大容易找到他,只有在慈仁寺书摊上才能一瞻老诗人的风采","这故事传作艺林佳话,风气绵绵未绝,直到鲁迅先生他们在厂甸逛书摊时,也还是如此,也可见其悠久了"。

书摊中有一类货色零散、残缺的,当时习惯叫做"冷摊",鲁迅却常关注。1923年旧历正月初六日记记道:"又在小摊上得《明僮欱录》一本,价一角",正是从这种冷摊上买到的,鲁迅特别记明"小摊"二字,多少表现了意外收获的喜悦,这类"淘旧书"的乐趣,是可遇不可求的。

鲁迅日记中提到"小市"的地方特别多。1912年12月8日记云:"午后与数同事游小市",这正是他到北京半年之后。以后"不但年年去,有几年简直是月月去。最多的时候,如丙辰(一九一六年)正月,据日记记录,就游了十四次小市"。据邓云乡先生考证,鲁迅经常去的是"西小市",清末忧患生著《京华百二竹枝词》注云:"西小市在宣武门外,摆摊售卖故物,色色俱备,真赝杂陈,入其中者,极宜留心察视。黎明交易,早九点收市。市俗或呼'鬼市'。"——顺便说一句:这样的"小(晓)市"、"鬼市",直到今天的北京还是保留着的:著名的潘家园就是这样的专供人们"淘旧书、旧货"的地方。康熙时柴桑《燕京杂记》说小市的货物,"官则不屑,商则不宜,隶则不敢,唯上不官,下不隶,而久留京邸者,则甘之矣"。这大概正适合鲁迅,所以,就有了这样动人的记录:1916年正月二十五日:"午后往小市,买嵩岳石人顶上'马'字拓本三枚,共五铜元。分赠师曾一枚",而且还有这样的解说——

有人辛辛苦苦,千里之遥跑到河南中岳嵩山,登山攀石,在石人的顶上铺纸捶墨,连拓三张"马"字,辗转流落,到了北京西小市的地摊上,只卖五个铜元。而先生又当宝贝似的买了来,又拿一张珍重地当礼品送给陈师曾先生。拓碑者的辛苦,摆地摊的凄惶,五个铜元的廉价,三九天的寒冷,先生的兴趣,分赠朋友时的珍重,如果把这些联系在一起,老一辈的这种风流韵事,真不易为今天的人们所理解了。[1]

小市的地摊,大概给鲁迅留下了极深的印象。于是,他多次把自己的著作比作地摊上的"瓦碟"——

我愿意我的东西躺在小摊上,被愿看的买去,却不愿意受正人君子赏识。世上爱牡丹的或者是最多,但也有喜欢曼陀罗花或无名小草的。[2]

我只在深夜的街头摆着一个地摊,所有的无非是几个小钉,几个瓦碟,但也希望,并且相信有些人会从中寻出合于他的用处的东西。[3]

鲁迅写这两句话时,或是在厦门那间大而空的楼房里,或是在上海亭子间,都远离北京;他在提笔时眼前闪现的大概是自己当年在厂甸书摊与宣武门外西小市徜徉的情景。

邓云乡的书中还谈到鲁迅北京期间的饮宴应酬,也是很有意思的。据邓先生统计,在鲁迅日记中记录的酒楼、饭馆、饭店的名称、类型大小竟有65家之多,而且体例俱备,各种类型的代表都有几家。"在我国历史文献中,关于这方面的资料历来很少","如果能在一本书中找出五六十家酒楼饭店的类型大小名称,在近代各家的著作中,虽不能说绝无仅有,恐怕也真是稀如凤毛麟角了",因此鲁迅日记的有关记载,不仅是"有关饭馆的民俗资料",而且也是"有

---

1 邓云乡:《鲁迅与北京风土》,第205、206、207、210页。
2 《华盖集・厦门通信》,《鲁迅全集》第3卷,第388页。
3 《〈且介亭杂文〉序言》,《鲁迅全集》第6卷,第4页。

关一个历史时期生活、市容、经济、商情等方面"的可贵资料:这大概是我们未曾料到的[1]。

鲁迅去的次数最多的是广和居。他1912年5月5日到北京,5月7日日记就有这样的记载:"夜饮于广和居",我们可以想见这样一位"初到北京的异乡口音的官吏,在古老的酒肆中,自斟自饮,享用他到北京的第一次小酌"的情景。以后鲁迅就成了广和居的常客。这年5月、6月、7月三个月,他都每月连去四次;客人来了要添菜,也是叫它家的菜。广和居是一个百年老店。近人杨寿楠《觉花寮杂记》云:"燕市广和居酒肆,在宣武门外北半截胡同,肴馔皆南味,烹饪精洁,朝市喜之,名流常宴集于此。辛亥后,朝市变迁,肉谱酒经,亦翻新样,唯此地稍远尘嚣,热客罕至,未改旧风。"这大概正是鲁迅经常光顾的原因之一吧。1932年11月鲁迅最后一次回北京,没住几天,28日就匆匆离去,27日他的学生章川岛请吃晚饭,仍在广和居,鲁迅旧地重游,在问候寒暄中,举杯小饮。从第一次独饮于此,到此时的饯别,"为时已二十年又六个月矣"[2]。

"客子"的无乡之感

不过,现在还是回到1912年5月鲁迅初到北京的情境中去吧:查阅鲁迅这个月的日记时,我们注意到两个细节,一是他刚来北京第五天即"微觉发热,似冒寒也";二是第六天第一次到教育部上班,即"枯坐终日,极其无聊"[3]。这或许是一个不祥的预兆,他似乎不能适应北京这座城市:它的气候与气氛。事实上,鲁迅此后就一直在肉体的折磨与精神的苦闷中挣扎。因为此时的北京,正处于辛亥革命

---

1 邓云乡:《鲁迅与北京风土》,第61—64页。
2 同上书,第79、81、108—109页。
3 《日记·壬子日记(一九一二年)》,《鲁迅全集》第15卷,第1页。

后的低潮时期,鲁迅在这里经历了1913年的二次革命,1916年的袁世凯称帝,1917年的张勋复辟,"看来看去,就看得怀疑起来,于是失望,颓唐得很了"[1]。

就在孤独地困居在北京绍兴会馆时,鲁迅又把目光转向他刚刚逃离的家乡——这样的由于距离产生的吸引,是颇耐寻味的。鲁迅后来回忆说,他一面"回到古代去",利用北京的图书条件,潜心"求学",辑录《古小说钩沉》,为他以后的中国小说史研究做准备,整理《会稽郡故书杂集》等越中典籍,回到浙东文化、魏晋文化中去;一面"沉入于国民中"[2],沉入故乡民间记忆,咀嚼生活于其间的普通民众的悲欢。身居京城而与故乡精神相遇,这是极其难得的生命体验,却是为"五四"新文化运动做了独特的准备,这大概也是鲁迅所未曾料及的吧。

于是鲁迅终于成了以北京为中心的新文化运动的弄潮儿。就鲁迅与北京的关系而言,这标志着北京接纳了鲁迅,鲁迅成了北京文化城的主人。他也最后决定举家北迁,定居于北京。在1919年1月16日写给许寿裳的信中,鲁迅在谈到自己"年来仍事嬉游,一无善状,但思想似稍变迁"以后,又报告说:"明年,在绍之屋为族人所迫,必须卖去,便拟挈眷居于北京,不复有越人安越之想。而近来与绍兴之感情亦日恶,殊不自至(知)其何故也。"[3]

虽"不复有越人安越之想",但鲁迅似乎也并不能因此而"安京"。于是,我们又注意到1920年5月4日,即"五四"爱国学生运动一周年这一天,鲁迅给他在浙江师范学堂任教时的学生宋崇义写的信中,对一年来由学生运动引发的社会"纷扰"作了这样的评价:"全国学生,或被称为祸萌,

---

1 《〈自选集〉自序》,《鲁迅全集》第4卷,第468页。
2 《〈呐喊〉自序》,《鲁迅全集》第1卷,第440页。
3 《书信·190116·致许寿裳》,《鲁迅全集》第11卷,第370页。

或被誉为志士；然由仆观之，则于中国实无何种影响，仅是一时之现象而已；谓之志士固过誉，谓之乱萌，亦甚冤也。"——这使我们又想起在前面所提到的鲁迅对辛亥革命的失望。鲁迅对"五四"运动的低调评价，说明他的清醒。而正是这份清醒，使他无法安于现状。在信中又谈到"世之论客，好言南北之别"，以为作为新文化运动中心的北京，远比仍在军阀统治下的南方先进，而在鲁迅看来，"其实同是中国人，脾气无甚大异也"——这里透露的正是对北京的失望。信的最后又这样写道："仆以为一无根柢学问，爱国之类，俱是空谈；现在要图，实只在熬苦求学，惜此又非今之学者所乐闻也。"[1]——鲁迅这里所坚持的，依然是他的"以学术干世"的"求学"理想。如前面所分析，他当年为在家乡找不到同道而苦闷，现在他身居京城学界中心却依然感到寂寞：北京也不是真正"熬苦求学"之地。

鲁迅写于1924年2月18日的小说《幸福的家庭》里，有一段描写，很值得注意。小说主人公是一位作家，他想写一篇题为《幸福的家庭》的小说，却为如何"安排那安置这'幸福的家庭'的地方"而颇费周折——

北京？不行，死气沉沉，连空气也是死的。假如在这家庭的周围筑一道高墙，难道空气也就隔断了么？简直不行！江苏浙江天天防要开仗；福建更无须说。四川，广东？都正在打。山东河南之类？——阿阿，要绑票的，倘使绑去一个，那就成为不幸的家庭了。上海天津的租界上房租贵；……假如在外国，笑话。云南贵州不知道怎样，但交通也太不方便……那么，在那里好呢？——湖南也打仗；大连仍然房租贵；察哈尔，吉林，黑龙江罢，——听说有马贼，也不行！……[2]

---

1 《书信·200504·致宋崇义》，《鲁迅全集》第11卷，第382、383页。
2 《彷徨·幸福的家庭》，《鲁迅全集》第2卷，第35—36页。

这里所描述的"无处可安身"的境遇，当然首先是现实层面的：当时军阀混战下的中国，确实已无一片老百姓安居之地；但其中也隐喻着一种"无乡之感"：这是鲁迅所强烈地感受到的更带根本性的人的存在危机。其实写在两天之前即1924年2月16日的小说《在酒楼上》里，就有过这样的内心独白——

北方固不是我的旧乡，但南来又只能算一个客子，无论那边的干雪怎样纷飞，这里的柔雪又怎样的依恋，于我都没有什么关系了。[1]

我们也终于懂得，鲁迅是一个永远的漂泊者：无论客居地北京，还是生养他的绍兴，都不是他的"精神之乡"，这"无乡之感"将追逐他一生。

漂流在南方

现实却更加残酷：连暂居北京也不允许。1926年，鲁迅因支持北京的爱国学生运动，而被列入通缉名单[2]，只得南下厦门与广州，开始了他所说的"漂流"生活。

他初到厦门时，对这座城市与人都还颇有好感："此地背山面海，风景佳绝"[3]，"大约看惯了北京的听差唯唯从命的，即容易觉得南方人的倔强，其实是南方的等级观念，没有北方之深，所以便是听差，也常有平等言动，现在我和他们的感情好起来了"[4]。他甚至有就此安居，"在孤岛中度寂寞生活，咀嚼着寂寞，即足以自慰自赎"的想法[5]。但他很快就对自己的这些乐观的估价产生了怀疑，在随后写

---

1 《彷徨·在酒楼上》，《鲁迅全集》第2卷，第25页。
2 参看《而已集·大衍发微》，《鲁迅全集》第3卷，第601—603页。
3 《两地书·三十六》，《鲁迅全集》第11卷，第107页。
4 《两地书·四一》，《鲁迅全集》第11卷，第118页。
5 《两地书·八八》，《鲁迅全集》第11卷，第237页。

给朋友的信中,就谈到"这学校孤立海滨,和社会隔离,一点刺激也没有","我竟什么也做不出","此地初见虽然像是有趣,而其实却很单调,永是这样的山,这样的海。便是天气,也永是这样暖和;树和花草,也永是这样开着,绿着"[1]。在公开发表的文章里,就说得更加尖锐:"我本来不大喜欢下地狱,因为不但满眼只有刀山剑树,看得太单调,苦头也怕很难当。现在可又有些怕上天堂了。四时皆春,一年到头请你看桃花,你想够多么乏味?"[2]——鲁迅所反感的自然不只是风景的单调而已。于是鲁迅又开始怀念起北京的风景:"(听)说北京已经结冰了"[3],由此想起的大概是那"在无边的旷野上,在凛冽的天宇下"纷飞的"朔方的雪花"吧[4]。更重要的是,鲁迅无法与这里的绅士相处,终于决定:"这些好地方,还是请他们绅士去占有罢,咱们还是漂流几时的好。"[5]

于是鲁迅漂流到了广州。尽管那里的风物曾使鲁迅赏心悦目:"书桌上的一盆'水横枝',是我先前没有见过的:就是一段树,只要浸在水中,枝叶便青葱得可爱"[6],广东人的"蛮气"也给鲁迅以好感[7],但鲁迅目睹了血的屠戮,只得再次逃离。

何处可容身?

但是,逃到哪里去,何处可容身?——1927年下半年的鲁迅,又一次面临着生存空间的选择。读这一时期的鲁迅书信,可以强烈地感受到他的困惑。

---

1 《书信·261004·致韦丛芜、韦素园、李霁野》,《鲁迅全集》第11卷,第562页。
2 《华盖集·厦门通信(二)》,《鲁迅全集》第3卷,第374页。
3 同上书,第392页。
4 《野草·雪》,《鲁迅全集》第2卷,第186页。
5 《两地书·一二一》,《鲁迅全集》第11卷,第299页。
6 《〈朝花夕拾〉小引》,《鲁迅全集》第2卷,第235页。
7 《书信·270808·致章廷谦》,《鲁迅全集》第12卷,第62页。

家乡是不能回的:"夫浙江之不能容纳人才,由来久矣,现今在外面混混的人,那一个不是被本省人赶出?……终于止留下旧日的地头蛇",而尤其不能接受的是新官僚的统治:"我常叹新官僚不比旧官僚好,旧者如破落户,新者如暴发户,倘若我们去当听差,一定是破落户子弟容易伺候,若遇暴发户子弟,则贱相未脱而遽大摆其架子,其蠢臭何可向迩哉。"[1] "其实浙江是只能如此的,不能有更好之事,我从钱武肃王的时代起,就灰心了。"[2] "中国士大夫之好行小巧,真应'大发感慨',明即以此亡。而江浙尤为此种小巧渊薮。"[3] "江浙是不能容人才的,三国时孙氏即如此,我们只要将吴魏人才一比,即可知曹操也杀人,但那是因为和他开玩笑,孙氏却不这样也杀,全由嫉妒。"[4]

那么,回到北京如何?其实在决定离开厦门到广州时,鲁迅就并不准备久留,有过"此后或当漂流,或回北京"的想法[5],现在再回北京,应是自然的选择:"已经一年多了,我漂流了两省,幻梦醒了不少,现在是糊糊涂涂。想起北京来,觉得也不坏,而且去年想捉我的'正人君子'们,现已大抵南下革命了,大约回去也不妨。"但鲁迅仍多有顾虑。一是"有几个学生,因为是我的学生,所以学校还未进妥(近来有些这样的情形,连和我熟悉的学生,也会有人疑心他脾气和我相似,喜欢揭穿假面具,所以看得讨厌),我想陪着他们暂时漂流,到他们有了书读,我再静下来"[6]。如将他们也带到北京,"这是我力所不及的,别人容易误会为我专是呼朋引伴"[7]。鲁迅更为"迟疑"的是,当时的

---

1 《书信·270728·致章廷谦》,《鲁迅全集》第12卷,第55页。
2 《书信·270717·致章廷谦》,《鲁迅全集》第12卷,第50页。
3 《书信·270802·致江绍原》,《鲁迅全集》第12卷,第59页。
4 《书信·270808·致章廷谦》,《鲁迅全集》第12卷,第62页。
5 《书信·270112·致翟永坤》,《鲁迅全集》第12卷,第13页。
6 《书信·270919·致翟永坤》,《鲁迅全集》第12卷,第68页。
7 《书信·270919·致章廷谦》,《鲁迅全集》第12卷,第70页。

北京正被张作霖所控制，鲁迅担心"我往北京，也不免有请进'优待室'之虑"[1]。

上海：生命存在方式的新选择

在这迟疑的背后，或许还隐含着更为深层的"下一步该做什么"也即生命存在方式选择的迟疑。从"到他们有了书读，我再静下来"这样的打算看，鲁迅似乎仍不想放弃他在学院里潜心求学，读书、写作、教书的追求，北京就自然是最佳选择。但他又说："我眼前所见的依然黑暗，有些疲倦，有些颓唐，此后能否创作，尚在不可知之数"[2]，"我也许此后不能教书了"，"此后，真该玩玩了，一面寻饭碗"[3]。这就意味着要另寻一种学院外的生存方式。而鲁迅最后选择了上海，正是出于这样的一种另外的选择："我先到上海，无非想寻一点饭，但政，教两界，我不想涉足，因为实在外行，莫名其妙。也许翻译一点东西卖卖罢。"[4]——这是一个重要的资讯：本来鲁迅在北京时期主要涉足"政，教两界"，现在发现自己"实在外行，莫名其妙"，其实就是对其彻底失望；于是决定"翻译一点东西卖卖"，也就意味着选择"商界"，以"卖文"（先卖"翻译"，因为"能否创作，尚在不可知之数"）为生。鲁迅就这样最终从学院走向了文学市场，从北京转移到了上海。——以后的历史发展已经证明，鲁迅的这一次空间转移，无论对他个人，还是对中国思想文化文学的发展，都是意义重大的。

无法融入

这是鲁迅1927年10月3日的日记："晴。午后抵上

---

1 《书信·270728·致章廷谦》，《鲁迅全集》第12卷，第506页。
2 《书信·270925·致台静农》，《鲁迅全集》第12卷，第704页。
3 《书信·270919·致章廷谦》，《鲁迅全集》第12卷，第70页。
4 《书信·270919·致翟永坤》，《鲁迅全集》第12卷，第67页。

海,寓共和旅馆。"[1]十多天以后,鲁迅写信给他的广东学生,说:"这里的情形,我觉得比广东有趣一点,因为各式的人物较多,刊物也有各种,不像广州那么单调",看来上海给他的第一印象是不错的。但他也谈到了自己的某些不适应:"熟人太多,一直静不下来,几乎日日喝酒,看电影。……倘若这样下去,是不好的,书也不看,文章也不做。"还有一点也让鲁迅不安:"我初到时,报上便造谣言,说我要开书店了,因为上海人惯于用商人眼光看人。"但鲁迅仍希望能最终"静下来,专做译著的事":"我仍想读书和作文章。"[2]

但希望很快就破灭,敏感的鲁迅发现,这一切其实都是上海的常态,是这座城市所固有的:"上海的情形,比北京复杂得多,攻击法也不同,须一一对付,真是糟极了"[3];"上海的出版界糟极了,许多人大嚷革命文学,而无一好作,大家仍大印吊膀子小说骗钱,这样下去,文艺只有堕落"[4];"上海到处都是商人气(北新也大为商业化了),住得真不舒服"[5];"终日伏案写字,晚上是打牌声,往往睡不着,所以很想变换变换了,不过也无处可走,大约总还是上海"[6];"一点也静不下,时常使我想躲到乡下去。所以我或者要离开上海也难说"[7]。——鲁迅终于明白:上海其实并不适合他,他无法融入这座城市,至多只是一个客居者。

回不去的家乡

或许鲁迅内心深处还是怀念家乡与北京的。于是在写

---

1 《日记·日记十六(一九二七年)》,《鲁迅全集》第16卷,第39页。
2 《书信·271021·致廖立峨》,《鲁迅全集》第12卷,第81页。
3 《书信·280224·致台静农》,《鲁迅全集》第12卷,第104页。
4 《书信·290420·致李霁野》,《鲁迅全集》第12卷,第161—162页。
5 《书信·290820·致李霁野》,《鲁迅全集》第12卷,第202页。
6 《书信·290322·致韦素园》,《鲁迅全集》第12卷,第157页。
7 《书信·271103·致李霁野》,《鲁迅全集》第12卷,第84页。

给朋友的信中,有了这样的话:"杭州芦花,闻极可观,心向往之,然而又懒于行,或者且待看梅花欤。"[1]而且1928年7月鲁迅许广平夫妇,还应友人与学生之邀,到杭州畅游了四天。意犹未尽,在8月给友人的信中还说:"桂花将开,西湖当又有一番景况,也很想一游",并有"拟细想一想,究竟什么花最为好看,然后再赴西湖罢"这样的戏言[2]。但由于鲁迅在其主持的《语丝》上发表了一篇揭发复旦大学内幕的文稿,触怒了在国民党浙江省党部任指导委员的许绍棣,浙江省党部竟然呈请密令通缉"堕落文人"鲁迅;鲁迅也从此被自己家乡放逐,再也回不去了。

"深夜独坐":"我们到那里去呢?"

1929年5月15日,在1926年8月26日离开北京将近三年后,因探望母亲,鲁迅又回到了北京。5月27日夜,在给许广平的信中鲁迅这样写道——

计我回北平以来,已两星期,除应酬以外,读书作文,一点也不做,且做不出来。那间灰棚,一切如旧,而略增其萧瑟,深夜独坐,时觉过于森森然。幸而来此已两星期,距回沪之期渐近了。[3]

这"深夜独坐"的情境,这"一切如旧"的感觉,这"萧瑟"乃至"森森然",都非常的感人,写尽了鲁迅重回北京以后的复杂心态。我们也只能从他同时期写给许广平及友人的信中略知一二。

在"一切如旧"的感觉中,鲁迅大概是回想起了许多旧事,因而有如归故里之感。在给许广平的信中这样写道:

---

1 《书信·271107·致章廷谦》,《鲁迅全集》第12卷,第85页。
2 《书信·280819·致章廷谦》,《鲁迅全集》第12卷,第130页。
3 《两地书·一二八》,《鲁迅全集》第11卷,第311页。

"北平并不萧条,倒好,因为我也视它如故乡的,有时感情比真的故乡还好,还要留恋,因为那里有许多使我纪念的经历存留着。"也许是由此而想起许广平所在的上海,又补了一句:"上海也还好,不过太喧噪了。"[1]

但鲁迅仍能感到北京的沉寂与惰性——这也是北京之"旧"的一个方面,对此鲁迅是始终怀有警觉的:"为安闲计,住北京是不坏的,但因为和南方太不同了,所以几乎有'世外桃源'之感。我来此虽已十天,却毫不感到什么刺戟,略不小心,确有'落伍'之惧的。上海虽烦扰,但也别有生气。"[2]——有意思的是,鲁迅总是把北京与上海两个城市对照起来看,这其实是反映了鲁迅内心的矛盾的,他早就说过:"我喜欢寂寞,又憎恶寂寞"[3],他既欣赏北京的"安闲",又不满于"毫不感到什么刺戟",既喜欢上海的"生气",又讨厌它的"烦扰"。

而现实的北京,却使他失望。这是他的"如旧"感的另一面:"中央公园……游人不多,风景大略如旧,芍药已开过,将谢了,此外则'公理战胜'的牌坊上,添了许多蓝地白字的标语。"[4]这几乎近于我们前面说过的辛亥革命后的绍兴给他的感觉:牌子虽新,骨子依旧。问题或许还更要严重,鲁迅在给许广平的信中这样谈到他对"北平学界现状"的观察:"南北统一后,'正人君子'们树倒猢狲散,离开北平,而他们的衣钵却没有带走,被先前和他们战斗的有些人拾去了。"[5]作出这样的判断时,鲁迅的内心是痛苦的,他从与昔日在北京共同"战斗"的朋友的分裂中,更感到了深深的寂寞。

---

1 《两地书·一三一》,《鲁迅全集》第11卷,第315页。
2 《两地书·一二二》,《鲁迅全集》第11卷,第302页。
3 《书信·240924·致李秉中》,《鲁迅全集》第11卷,第452页。
4 《两地书·一二五》,《鲁迅全集》第11卷,第306页。
5 《两地书·一三五》,《鲁迅全集》第11卷,第321页。

而且他还受到了深深的伤害:"我自从到此以后,总计各种感受,知道弥漫在这里的,依然是'敬而远之'和倾陷,甚至比'正人君子'时代还分明——但有些朋友和学生自然除外"[1],"我本也想明年回平,躲起来用用功,做点东西。但这回回家后,知道颇有几个人暗中抵制,他们大约以为我要来做教员。……我看北京学界,似乎已经和现代评论派联合一气了。所以我想不再回去,何苦无端被祸。我出京之前,就是被挤得没有饭吃了之故,其实是'落荒而走'了,流来流去,没有送命,那是偶然侥幸"[2]。

所有这一切,都使鲁迅感到了"彷徨无地"的无助、无奈与悲哀。那无边的"萧瑟"与"森森然"感都源于此。

于是就有了这样的痛苦的倾诉——

我想,应该一声不响,来编《中国字体变迁史》或《中国文学史》了。然而那里去呢?在上海,创造社中人一面宣传我怎样有钱,喝酒,一面又用《东京通信》诬栽我有杀戮青年的主张,这简直是要谋害我的生命,住不得了。北京本来还可住,图书馆里的旧书也还多,但因历史关系,有些人必有奉送饭碗之举,而在别一些人即怀来抢饭碗之疑,在瓜田中,可以不纳履,而要使人信为永不纳履是难的,除非你赶紧走远。D. H.,你看,我们到那里去呢?我们还是隐姓埋名,到什么小村里去,一声也不响,大家玩玩罢。[3]

同时被乡土中国和现代中国所放逐,他发出"无词的言语"

北京,上海,"住不得了",绍兴,杭州,厦门,广州……所有的中国城乡,都"住不得了","我们到那里去呢?"——鲁迅用他那充满疑惑的眼睛逼视着自己的真实存在:

---

[1]《两地书·一三五》,《鲁迅全集》第11卷,第322页。
[2]《书信·290731·致李霁野》,《鲁迅全集》第12卷,第198页。
[3]《两地书·一三五》,《鲁迅全集》第11卷,第323页。

这是一个根本性的生存困境。如果说沈从文能够以湘西作为他最后的归宿,在他对北京、上海这些城市感到失望时,他可以,而且也总是回到湘西文化那里去,找到精神的出路;而鲁迅则不能。他与绍兴、北京、上海,以及它们所代表的"乡土中国"与"现代中国"的关系,远比沈从文要复杂得多:他既"在"其中,因此,存在着极其缠绕的关系,不能割断情感的联系,摆脱不了"眷恋"、"爱抚"、"养育"、"祝福"之情;但他又"不在"其中,作为一个异端,一个永远的清醒者、批判者,他必然被遗弃,他也必然要和整个社会,从体制到精神(思想文化)全面"决绝",并充满"复仇"、"歼除"、"咒诅"的欲求。他就像他笔下的那位被亲人放逐的老女人,"赤身露体地,石像似的站在荒野的中央","举两手尽量向天,口唇间漏出人与兽的,非人间所有,所以无词的言语"[1]。

下篇:有词的言语里的都市观察与体验

但我们所能看到的依然是他的有词的言语。

讲完了鲁迅和北京、上海的心灵故事,我们还要读鲁迅的作品。看他如何将自己对这两座城市的观察与体验转化为文学文本——这应该是鲁迅和北京、上海的故事的外化与延续。

进入鲁迅的北京文学世界

先读《〈呐喊〉自序》。它讲述了一个鲁迅离开故乡绍兴老屋以后的故事:他怎样在南京的新式学堂里第一次"知道世上还有所谓格致,算学,地理,历史,绘图和体操";他如何怀着"医学救国"的梦想,来到东京,又最后走上

---

[1]《野草·颓败线的颤动》,《鲁迅全集》第2卷,第210—211页。

了文学之路,却因毫无反应而"置身毫无边际的荒原"。但在北京宣武门外南半截胡同的绍兴会馆里,又因为与老朋友金心异(钱玄同)的一番交谈而卷入"五四"新文学的大潮:这次北京胡同里的谈话,因此成为现代文学史上的一个历史事件。鲁迅在回忆中对北京胡同里的大院的描述,就格外引人注目——

S会馆里有三间屋,相传是往昔曾在院子里的槐树上缢死过一个女人的,现在槐树已经高不可攀了,而这屋还没有人住;许多年,我便寓在这屋里抄古碑。……而我的生命却居然暗暗的消去了……夏夜,蚊子多了,便摇着蒲扇坐在槐树下,从密叶缝里看那一点一点的青天,晚出的槐蚕又每每冰冷的落在头颈上。[1]

这里的凄清、神秘、闲适与孤寂,都是典型的老北京气氛。——我们就这样不知不觉地走进了鲁迅的北京世界。

以北京为背景的都市小说

我们又读到了这样的文字——

首善之区的西城的一条马路上,这时候什么扰攘也没有。火焰焰的太阳虽然还未直照,但路上的沙土仿佛已是闪烁地生光;酷热满和在空气里面,到处发挥着盛夏的威力。许多狗都拖出舌头来,连树上的乌老鸦也张着嘴喘气……远处隐隐有两个铜盏相击的声音,使人忆起酸梅汤,依稀感到凉意,可是那懒懒的单调的金属音的间作,却使那寂静更其深远了。

只有脚步声,车夫默默地前奔,似乎想赶紧逃出头上的烈日。

"热的包子咧,刚出屉的……"

十一二岁的胖孩子,细着眼睛,歪了嘴在路旁的店门前叫

---

[1]《〈呐喊〉自序》,《鲁迅全集》第1卷,第440页。

喊。声音已经嘶嗄了，还带些睡意，如给夏天的长日催眠。他旁边的破旧桌子上，就有二三十个馒头包子，毫无热气，冷冷地坐着。

"荷阿，馒头包子咧，热的……"[1]

这是一幅典型的北京街景：不仅这仿佛"闪烁地生光"的"沙土"，那叫卖酸梅汤的铜盏相击声，是老北京人所难忘的；而且这里的懒散，倦怠，寂静，也是老北京所特有的空气。而这幅北京风俗画正是收入《彷徨》的小说《示众》提供的。我们也因此注意到鲁迅的以北京为背景的都市小说，就是《呐喊》里的《端午节》，《彷徨》里的《示众》《伤逝》《幸福的家庭》诸篇。

人们注目于鲁迅以绍兴为背景的乡土小说是自然的，但忽略这些北京背景的都市小说，却会影响对鲁迅小说丰富性的体认。即使是《伤逝》这样的名篇，如果注意它的北京背景，也会有新的感受——

会馆里的被遗忘在偏僻里的破屋是这样地寂静和空虚。……依然是这样的破窗，这样的窗外的半枯的槐树和老紫藤，这样的窗前的方桌，这样的败壁，这样的靠壁的板床。……在一年以前，这寂静和空虚是并不这样的，常常含着期待；期待子君的到来。在久待的焦躁中，一听到皮鞋的高底尖触着砖路的清响，是怎样地便我骤然生动起来呵！于是就看见带着笑涡的苍白的圆脸，苍白的瘦的臂膊，布的有条纹的衫子，玄色的裙。她又带了窗外的半枯的槐树的新叶来，使我看见，还有挂在铁似的老干上的一房一房的紫白的藤花。[2]

这会馆风景让我们又回到了20世纪20年代的北京，而处于风景中心的却是"五四"新女性：衣着、外貌、神态，

1《彷徨·示众》，《鲁迅全集》第2卷，第70页。
2《彷徨·伤逝》，《鲁迅全集》第2卷，第113页。

全是那个时代的。

敏锐的作者又将这样的新女性置于北京市民的视野中,就有了这样的同样具有时代特色的场景:"送她出门,照例是相离十多步远;照例是那鲶鱼须的老东西的脸又紧贴在脏的窗玻璃上了,连鼻尖都挤成一个小平面;到外院,照例又是明晃晃的玻璃里的那个小东西的脸,加厚的雪花膏。她目不斜视地骄傲地走了,没有看见;我骄傲地回来。"[1] 这场景是具有隐喻性的:离开了包围时代新青年、新女性的"老东西"、"小东西"们的北京市民社会,是很难理解小说主人公子君与涓生的悲剧的。

这透露了一个重要消息:鲁迅是以"五四"新文化的新眼光来观察北京的,这就有了许多独特的发现与思考。

北京风景,北京心象

这里有一组文章,展现了鲁迅印象中的北京风景。

在《看司徒乔君的画》一文中,鲁迅对画家笔下的北京(北方)风景作过这样的描述:"在黄埃漫天的人间,一切都成土色……深红和绀碧的栋宇,白石的栏杆,金的佛像,肥厚的棉袄,紫糖色脸,深而多的脸上的皱纹……"[2]——前面的讲述中,我们曾经提到,鲁迅在第一眼看到北方的"黄土"风景时并没有什么感觉;但现在,在他深入到北方人的生活中以后,他就为其内在的坚韧的生命力量所震撼了。

而他自己注目的,却是漫天的沙土——就连朔方的雪,在鲁迅的观察里,也是"永远如粉,如沙"的[3]。

请读鲁迅的《求乞者》——

---

1 《彷徨·伤逝》,《鲁迅全集》第2卷,第115页。
2 《三闲集·看司徒乔君的画》,《鲁迅全集》第4卷,第73页。
3 《野草·雪》,《鲁迅全集》第2卷,第186页。

> 微风起来,四面都是灰土。另外有几个人各自走路……
> 灰土,灰土……
> ……
> 灰土……[1]

"灰土……灰土……灰土……"的不断重复,给人以单调感与压抑感:连人的心都麻木了。是的,这无所不在的灰土是会渗透到人的心里去的。于是,北京风景变成了北京心象:"沙漠在这里。没有花,没有诗,没有光,没有热。没有艺术,而且没有趣味,而且至于没有好奇心。沉重的沙……"[2]而且有了这样的呼喊:"寂寞呀,寂寞呀,在沙漠上似的寂寞呀。"[3]这里,外在的沙土(灰土)变成了内在的沙漠感:不仅是寂寞,更是失去了一切兴趣、欲望,没有任何生气与活力的生命的窒息与沉重。这正是鲁迅的北京感受:他所感受到的北京的生存环境所造成的人(特别是一个渴求自由创造的知识分子)的生存困境。这才是鲁迅关注的重心所在。

这里也同样显示了鲁迅的北京观照的特点:他的如炬的目光,要透过外观景象追问背后的隐喻意义,从外在现象探察被遮蔽的内质。

"北京的魅力"的背后

于是,在几成定论的北京文化观中,就有了鲁迅式的非同寻常的观察与多少有些扫兴的论断。

例如,北京的饮食文化,以及所谓北京文化中的"生活美",一直是北京人的骄傲,是中国文人最喜欢大做文

---

1 《野草·求乞者》,《鲁迅全集》第2卷,第172页。
2 《热风·为"俄国歌剧团"》,《鲁迅全集》第1卷,第403页。
3 《呐喊·鸭的喜剧》,《鲁迅全集》第1卷,第583页。

章的,也为一些外国人所称赏,"说是怎样可口,怎样卫生,世界上第一,宇宙间第n",还有一位日本人,在一本《北京的魅力》的书里,大谈中国的"生活美"对外来民族的"征服力"。有些中国人因此而飘飘然,却引起鲁迅的警惕。他提出了自己的质疑:"我实在不知道怎样的是中国菜",他提醒人们注意中国平民的饮食:"有几处是嚼葱蒜和杂合面饼"——这大概指的是北京市民;"有几处是用醋,辣椒,腌菜下饭;还有许多人是只能舐黑盐,还有许多是连黑盐也没得舐"——这大概指的是山西、云贵川,以及他的故乡浙东地区的平民百姓。他由此而得出结论:"中外人士以为可口,卫生,第一而第n的,当然不是这些;应该是阔人,上等人所吃的肴馔。"[1]——阔人与窄人,富人与穷人,上等人与下等人之间饮食上的差异,正是中国(北京)饮食文化的赞颂者所要竭力遮蔽的。

而在鲁迅看来,谈中国文化(包括北京文化)就不能回避这样的客观存在的等级关系。他的任务就是要揭示这饮食背后的不平等和血腥:"我们在目前,还可以亲见各式各样的筵宴,有烧烤,有翅席,有便饭,有西餐。但茅檐下也有淡饭,路旁也有残羹,野上也有饿莩;有吃烧烤的身价不赀的阔人,也有饿得垂死的每斤八文的孩子。"

他由此而提升出对中国文明的一个整体性的判断:"所谓中国的文明者,其实不过是安排给阔人享用的人肉的筵宴。所谓中国者,其实不过是安排这人肉的筵宴的厨房。不知道而赞颂者是可恕的,否则,此辈当得永远的诅咒。"[2]——如此严峻的论断,初一看,似乎很难接受,因为它是在向我们习惯性的思维与已定结论挑战;但仔细想想,却不能不承认确实抓住了要害,有着内在的深刻性:

---

[1]《华盖集续编·马上支日记》,《鲁迅全集》第3卷,第348页。
[2]《坟·灯下漫笔》,《鲁迅全集》第1卷,第228页。

而这正是鲁迅思想的魅力所在。

北京的街头小景

下面一组文章是鲁迅由北京的街头小景引发的联想,这是颇能显示文学家的鲁迅对日常生活细节的敏感,与作为思想家的鲁迅的思想穿透力的。而他的杂文就是这两者的有机结合。

请看这胡同一景:"我现在住在一条小胡同里,这里有所谓土车者,每月收几吊钱,将煤灰之类搬出去。搬出去怎么办呢?就堆在街道上,这街就每日增高。有几所老房子,只有一半露出在街上的,就正在豫告着别的房屋的将来。"

当时北京的某些地方,也还有这样的几乎将房屋淹没的高堆的垃圾,人们也都司空见惯了。但鲁迅却想起了明遗民的"活埋庵",并引发了这样的感慨:"谁料想现在北京的人家,都在建造'活埋庵'":"满车的'祖传','老例','国粹'等等,都想来堆在道路上,将所有的人家完全活埋下去。"[1]

这里显然有一个由具象向抽象的提升,胡同小景也就成了一种隐喻,这也是鲁迅杂文的通常写法。我们感兴趣的自然是鲁迅对北京文化的一种观察:如果一味遵循"祖传"、"老例",不思变革,生活在当时的北京人就有可能为传统所"活埋"。

值得注意的还有鲁迅在《长城》(那也是北京的一个古迹)里的一个隐喻:"我总觉得周围有长城围绕。这长城的构成材料,是旧有的古砖和补添的新砖。两种东西联为一气造成了城壁,将人们包围。"[2]这又是一个十分深刻

---

1 《华盖集·通讯》,《鲁迅全集》第3卷,第22页。
2 《华盖集·长城》,《鲁迅全集》第3卷,第61页。

的观察。

这里要特别提出《马上日记》里一段对北京街景、世相的绝妙描写——在鲁迅杂文里,经常有这类"速写",是小说家的笔法对杂文的渗透,很值得品味:

> 上午出门,主意是在买药,看见满街挂着五色国旗;军警林立。走到丰盛胡同中段,被军警驱入一条小胡同中。少顷,看见大路上黄尘滚滚,一辆摩托车驰过;少顷,又是一辆;少顷,又是一辆;又是一辆;又是一辆……。车中人看不分明,但见金边帽。车上挂着兵,有的背着扎红绸的板刀;小胡同中人都肃然有敬畏之意。又少顷,摩托车没有了,我们渐渐溜出,军警也不作声。
>
> 溜到西单牌楼大街,也是满挂着五色国旗,军警林立。一群破衣孩子,各各拿着一把小纸片,叫道:欢迎吴玉帅(指北洋直系军阀吴佩孚,字子玉,故称"玉帅")呀!一个来叫我买,我没有买。
>
> ……走进宣武门城洞下,又是一个破衣孩子拿着一把小纸片,但却默默地将一张塞给我,接来一看,是石印的李国恒先生的传单,内中大意,是说他的多年痔疮,已蒙一个国手叫作什么先生的医好了。
>
> 到了目的地的药房时,外面正有一群人围着看两个人的口角;一柄浅蓝色的旧洋伞正挡住药房门。我推那洋伞时,斤量很不轻;终于伞底下回过一个头来,问我"干什么?"我答说进去买药。他不作声,又回头去看口角去了,洋伞的位置依旧。我只好下了十二分的决心,猛力冲锋;一冲,可就冲进去了。
>
> 药房里只有帐桌上坐着一个外国人,其余的店伙都是年青的同胞,服饰干净漂亮。不知怎的,我忽而觉得十年之后,他们都要变为高等华人,而自己现在就有下等人之感。……[1]

这里关于"满街挂着五色国旗"的描写,使人们很容

---

[1] 《华盖集·马上日记》,《鲁迅全集》第3卷,第331—332页。

易就想起鲁迅在《头发的故事》里的那段关于"北京双十节"的经典性描述:"早晨,员警到门,吩咐道'挂旗!''是,挂旗!'各家大半懒懒洋洋的踱出一个国民来,撅起一块斑驳陆离的洋布。"[1]京城的百姓已经看惯了"城头变换大王旗"的历史闹剧,他们也已经习惯于以"看戏"的心态,用自己特有的懒散而顺从的态度去应付这样的变换。于是"一群人围着看两个人的口角",就成了北京永远不变的街景。

值得注意的,倒是北京药店里出现的洋老板:这大概是北京的新市景。鲁迅却由此敏锐地发现了在传统的等级制度之外,又有了由中国(北京)社会半殖民地化造成的"外国人—高等华人—下等人"的新的分层,新的等级结构。"古砖"与"新砖"的叠加,就使得"活埋庵"更加坚实,难以逃出,鲁迅发现与揭示了这一点,心情是沉重的。

街头小景之二

北京……单是羊肉铺就触目皆是。雪白的群羊也常常满街走,通常是一只山羊走在一群胡羊的前面,脖子上还挂着一个小铃铎……领的赶的却多是牧人,胡羊们便成了一长串,挨挨挤挤,浩浩荡荡,凝着柔顺有余的眼色,跟定他匆匆竞奔它们的前程。[2]

触发鲁迅思考的是那只充当"带头羊"的山羊,那个"小铃铎"在鲁迅的幻觉中,变成了"知识阶级的徽章"。

这也是鲁迅的北京发现。他在《有趣的消息》里说,"活在沙漠似的北京城里,枯燥当然是枯燥的,但偶然看看世态",还是有趣的[3]。比如,京城的大学里,就出现了一批

---

1 《呐喊·头发的故事》,《鲁迅全集》第1卷,第484页。
2 《华盖集续编·一点比喻》,《鲁迅全集》第3卷,第232页。
3 《华盖集续编·有趣的消息》,《鲁迅全集》第3卷,第211页。

自称"特殊阶级"的教授,以"负有指导青年重责的前辈"自居,实际上是"用了公理正义的美名,正人君子的徽号,温良敦厚的假脸,流言公论的武器,吞吐曲折的文字,行私利己,使无刀无笔的弱者不得喘息"[1]。鲁迅无情地揭示了裹在绅士外衣下的"官魂":在中国等级社会结构中,他们所扮演的正是北京街头的"带头羊"的角色。

但北京绝不是"正人君子"的一统天下:官魂之外,还有民魂。鲁迅写有《我观北大》一文,说"北大是常为新的,改进的运动的先锋","北大是常与黑暗势力抗战的,即使只有自己"[2];这正是以北京为发源地的"五四"新文化运动所开创的传统,在鲁迅看来,北大就是"新北京"的象征,是北京,乃至中国的希望所在。而鲁迅是自觉地以维护这一传统为己任的;因此,当有人指其为"北大派"时,鲁迅欣然应答:"北大派么?就是北大派。怎么样呢?"

别一种"粗暴的灵魂"

鲁迅更感欣慰的是,在沙漠般的北京,青年人中出现了"被风沙打击得粗暴"的"魂灵",这是反叛的,"人的魂灵"。鲁迅说:"我爱这些流血而隐痛的魂灵,因为他使我觉得是在人间,是在人间活着。"[3]

而如前面所说,鲁迅在古老的北京感受到的是被沉重的沙活埋的生命的窒息感,现在他从年轻一代这里"深切地感着'生'的存在"[4],这也可以说是鲁迅终于发现的北京、中国的新的萌芽吧。我们也因此更理解了鲁迅在《纪念刘和珍君》一文结尾所说的那段话的深意:"苟活者在淡红的血色中,会依稀看见微茫的希望;真的猛士,将更奋然

---

1 《华盖集续编·我还不能"带住"》,《鲁迅全集》第3卷,第260页。
2 《华盖集·我观北大》,《鲁迅全集》第3卷,第168页。
3 《野草·一觉》,《鲁迅全集》第2卷,第228、229页。
4 同上书,第228页。

而前行。"[1]

"真的知识阶级"的立场与眼光

1927年10月3日,鲁迅来到上海,10月25日即到劳动大学作了题为《关于知识阶级》的演讲,提出了一个"真的知识阶级"的概念,其内涵有二:一是"对于社会永不会满意",因而是永远的批判者;二是永远"为平民说话",并且"不顾利害","想到什么就说什么"[2]。——在某种意义上,可以看作这是鲁迅的自我宣言:他在上海的最后十年,正是坚守了这样的真的知识阶级的基本立场。这就意味着,鲁迅是作为一个批判的知识分子,以平民(下等人)本位的价值观念去观察与表现上海的。

30年代的上海正经历一个工业化、商业化的过程。按照西方模式建立起来的现代都市文明得到畸形发展,消费文化也有了极度的膨胀。这样,历史又给鲁迅提供了一次难得的机会,使他在对他所说的"古之京"所代表的中国传统文化进行了批判性的审视以后,又能够对"今之海"所代表的中国现代文化进行近距离的考察,并且作出即时性的反应。

如果说鲁迅对他的故乡绍兴的文学表达(散文与小说)是回忆性的,是以时间与空间的距离为前提的;那么他对上海的描述与评论却采取了杂文的形式,如鲁迅所说,"现在是多么切迫的时候,作者的任务,是在对有害的事物,立刻给以反响或抗争,是感应的神经,是攻守的手足","为现在抗争,却也是为现在和未来的战斗的作者,因为失掉了现在,也就没有了未来"[3]。这样的"现在进行式"的社会、

---

1 《华盖集·纪念刘和珍君》,《鲁迅全集》第3卷,第294页。
2 《集外集拾遗补编·关于知识阶级》,《鲁迅全集》第8卷,第227、224、226页。
3 《〈且介亭杂文〉序》,《鲁迅全集》第6卷,第3页。

文化观察与文学表达,是别具魅力的。

夜上海

我们首先要读的是一组描写"夜上海"的文字:这是最具典型性的上海风景与上海意象[1]。

鲁迅在《夜颂》里提醒我们:观察上海,要有"听夜的耳朵和看夜的眼睛",要能够在"白天"的"热闹,喧嚣"中,看见"惊人的真的大黑暗"。这是鲁迅才有的都市体验:人们早已被上海滩的五光十色弄得目眩神迷,有谁会看到繁华背后的罪恶,有谁能够听到"高墙后面,大厦中间,深闺里,黑狱里,客室里,秘密机关里"冤魂的呻吟?鲁迅一语道破:"现在的光天化日,熙来攘往,就是这黑暗的装饰,是人肉酱缸上的金盖,是鬼脸上的雪花膏",这样的都市文明观对于许多人无疑是一副清醒剂。

于是出现了夜上海风景中不可或缺的"高跟鞋的摩登女郎"。"在马路边的电光灯下,阁阁地走得很起劲,但鼻尖也闪烁着一点油汗,在证明她是初学的时髦。"这"初学的时髦"又未尝不可看作上海自身的象征。

还有在夜上海如鱼得水的上海娘姨阿金。她的主人是洋人,又会轧姘头,在弄堂"论战"中常占上风,就总能聚集一大批人,搅得四邻不得安宁[2]。

习惯于夜间写作、自称"爱夜者"的鲁迅,于是就与摩登女郎、阿金"同时领受了夜所给予的恩惠"[3]。

上海街头小景

而且还有迥异于北京的街头小景:北京古城是空寂

---

1 除下文提到的杂文外,还有《弄堂生意古今谈》(收《且介亭杂文二集》)、《秋夜纪游》(收《准风月谈》)可参看。
2 《且介亭杂文·阿金》,《鲁迅全集》第6卷,第205—209页。
3 《准风月谈·夜颂》,《鲁迅全集》第5卷,第203、204页。

的——老舍先生就说，北平的好处"在它处处有空儿，可以使人自由的喘气"[1]。而上海大都会则是拥挤,热闹的,推、爬、冲、撞、踢，就成了人们见怪不怪的街市景观。唯有鲁迅,以其深邃的目光，非凡的联想力，揭示出其背后隐藏的都市文明的残酷与血腥。

这是鲁迅眼里的"推"："洋大人""只将直直的长脚，如入无人之境似的踏过来"；"高等华人""手掌向外，像蝎子的两个钳一样，一路推过去"。鲁迅说："住在上海，想不遇到推与踏，是不能的，而且这推和踏也还要廓大开去。要推倒一切下等华人中的幼弱者，要踏倒一切下等华人。这时就只剩下高等华人颂祝着：'阿唷，真好白相来希呀……'"[2]——"推"的背后是上海社会结构中新的等级压迫。

鲁迅在一篇演讲里这样谈到上海的"租界"社会："外国人是处在中央，那外面，围着一群翻译，包探，巡捕，西崽……之类，是懂得外国话，熟悉租界章程的。这一圈之外，才是许多老百姓。"[3]20世纪30年代的上海，不过是租界的扩大而已。也就是说，30年代上海的都市化、现代化是以自身的殖民地、半殖民地化为代价的：这个事实正是许多人至今也还想遮蔽乃至否定的。

还有"爬"。鲁迅的老对手梁实秋曾将据说是无限美好的"资产文明"推荐给中国老百姓："一个无产者假如他是有出息的，只消辛辛苦苦诚诚实实地工作一生，多少必定可以得到相当的资产"，也就是只要努力往上"爬"，就可以爬到富翁的地位，天下也因此而太平。鲁迅眼里的"爬"却是另一番景观："爬的人那么多，而路只有一条,

---

1 老舍：《想北平》，《老舍全集》第14卷，人民文学出版社，1999年，第49页。
2 《准风月谈·推》，《鲁迅全集》第5卷，第205、206页。
3 《三闲集·现今的新文学的概观》，《鲁迅全集》第4卷，第136页。

十分拥挤。老实的按照章程规规矩矩的爬,大都是爬不上去的。聪明人就会推,把别人推开,推倒,踏在脚底下,踹着他们的肩膀和头顶,爬上去了。大多数人却还只是爬,认定自己的冤家并不在上面,而只在两边——是那些一同在爬的人。他们大多忍耐着一切,两脚两手都着地,一步步地挨上去又挤下来,挤下来又挨上去,没有休止的。"[1]——在被梁实秋们无条件地认同与美化的资本主义的自由竞争背后,鲁迅看见的是血淋淋的倾轧和压榨。

前面说到鲁迅在"北京的魅力"背后看到了"吃人肉的筵宴";现在,鲁迅又在上海的"爬和推"里,发现"吃人肉的筵宴"在资本的名义下继续排下去。也就是说,鲁迅在现代都市文明中发现了新的奴役关系的再生产,这又是一个石破天惊的发现。

从街头方言看上海滩上的人物

作为一个语言艺术家,鲁迅在观察上海社会时,对上海的方言,特别是流行于街头的新方言,有着特殊的敏感;又总是以思想家的睿智,揭示出其背后的社会、文化意义。收入《准风月谈》集里的《"抄靶子"》《"揩油"》《"吃白相饭"》即是这方面的范例。

这也算是一个上海街头小景:"假如你常在租界的路上走,有时总会遇见几个穿制服的同胞和一位异胞(也往往没有这一位),用手枪指住你,搜查全身和所拿物件。"这自然是我们所说的上海社会殖民地、半殖民地化的一个突出表现。而鲁迅尤感震惊的是,由此而产生的上海新方言:"抄靶子"。"抄者,搜也,靶子是该用枪打的东西":原来自称"文明最古"的四万万中国人,在西方殖民主义

---

[1] 《准风月谈·爬和撞》,《鲁迅全集》第5卷,第278页。

者眼里，不过是"四万万靶子"[1]。"靶子"正是中国人在以西方为主宰的世界里的实际地位与命运的一个象征：那里又是一个"吃人肉的筵宴"，中国正是被"吃"的对象。

鲁迅更感痛心的是具体执行"抄靶子"任务的竟然是"穿制服的同胞"，即上文说到的租界巡捕。他们自然是西方殖民者的奴才与帮凶，但在自己同胞，即所谓"下等华人"面前，却是要摆横暴得可以的主人架子的。鲁迅仍然从方言的分析入手：他注意到，上海滩原来的骂语"还不过是'曲辫子','阿木林'"（即"乡愚"与"傻子"），"'寿头码子'虽然已经是'猪'的隐语，然而究竟还是隐语"，而现在的穿着洋主子赐予的"制服"（这本身就是一种权力的象征）的"同胞"，"只要被他认为对于他不大恭顺，他便圆睁了绽着红筋的两眼，挤尖喉咙，和口角的白沫同时喷出两个字来道：猪猡"[2]。鲁迅早就发出过这样的感慨："中国人但对于羊显凶兽相，而对于凶兽则显羊相。"[3]现在这样的国民性又在上海租界里再现了。

还有"吃白相饭"——鲁迅解释说，"要将上海的所谓'白相'，改作普通话，只好是'玩耍'；至于'吃白相饭'，那恐怕还是用文言译作'不务正业，游荡为生'"[4]。那么，这就是流氓了。这是上海滩上的典型人物。鲁迅有入木三分的刻画："和尚喝酒他来打，男女通奸他来捉，私娼私贩他来凌辱，为的是维持风化；乡下人不懂租界章程他来欺侮，为的是看不起无知；剪发女人他来嘲骂，社会改革者他来憎恶，为的是宝爱秩序。但后面是传统的靠山，对手又非浩荡的强敌，他就在其间横行过去。"[5]既以传统为

---

1 《准风月谈・"抄靶子"》，《鲁迅全集》第5卷，第215、216页。
2 同上书，第216页。
3 《华盖集・忽然想到（七）》，《鲁迅全集》第3卷，第64页。
4 《准风月谈・"吃白相饭"》，《鲁迅全集》第5卷，第218页。
5 《三闲集・流氓的变迁》，《鲁迅全集》第4卷，第160页。

靠山,又以洋人的章程为依托,而其最基本的职责就是维护现存秩序。鲁迅说上海流氓的特色是将"中国法"与"外国法"集于一身[1],实际就是中国传统文化与西方文化中最恶俗部分的恶性嫁接。

鲁迅更关注的是这样的流氓意识与行为已经渗透到上海文化的各个方面,形成一种流氓现象。于是,鲁迅在上海文人中又发现了"洋场恶少":在文学论争中从不说出"坚实的理由","只有无端的诬赖,自己的猜测,撒娇,装傻"[2],这就颇有点流氓气了。鲁迅还发现,在上海文坛上,真正"吃得开"的,是那些"才子加流氓"的人物[3]:这正是说明,流氓文化已经成了30年代上海都市文化的有机组成部分。

流氓之外,还有"西崽"。鲁迅说上海滩上洋人的买办、租界上的巡捕的可恶并不在于他的职业,而在其"相"。"相"是内心世界的外在表现:他觉得"洋人势力高于群华人,自己懂洋话,近洋人,所以也高于群华人;但自己又系出黄帝,有古文明,深通华情,胜洋鬼子,所以也胜势力高于群华人的洋人,因此也更胜于还在洋人之下的群华人",所以鲁迅说西崽之"相",即在"倚徙华洋之间,往来主奴之界",其实质在依附于东西方两种权势,本是双重奴才,却以此为资本,将同胞趋为奴隶。鲁迅特意强调,这些西崽虽然吃洋饭,却迷恋传统,是忠诚的"国粹家"[4]。

于是,就有了与西崽直接相关的新方言:"揩油",一面在"洋商"的"油水汪汪的处所,揩了一下",赚点小便宜不说,还赚得"爱国主义者"的美名,另一面却照样用"棍棒和拳头和轻蔑"对付中国人,充当"洋商的

---

1 《二心集·上海文艺之一瞥》,《鲁迅全集》第4卷,第304页。
2 《准风月谈·扑空》,《鲁迅全集》第5卷,第369页。
3 《二心集·上海文艺之一瞥》,《鲁迅全集》第4卷,第299、300、304页。
4 《且介亭杂文二集·"题未定"草(二)》,《鲁迅全集》第6卷,第366—367页。

忠仆"[1]。

鲁迅对上海滩上的流氓、西崽的剖析，是一个极重要的发现与概括：新旧杂糅，新的奴役关系中依然保留着旧的奴役关系，恐怕这才是20世纪30年代上海都市文化的本质特征所在。

上海文化面面观

下面一组杂文，我拟了三个标题："教育畸形儿"、"报刊西洋镜"与"文坛万花筒"[2]，可以看作上海都市文化的面面观，并且处处显示鲁迅目光的犀利。

比如，他发现"中国中流的家庭"的教育不是纵容孩子当"暴主"，就是将其训练成"奴才"，因此，典型的上海儿童"不是带着横暴冥顽的气味，甚而至于流氓模样的，过度的恶作剧的顽童，就是钩头耸肩，低眉顺眼，一副死板板的脸相的所谓'好孩子'"[3]——这与前述上海滩上的传统是一脉相承的。

鲁迅更尖锐地揭示，中国的新闻媒体对在其上的"强者"（从最高统治者到各级官僚、洋大人、高等华人，等等），它是"弱者"，只能"忍气吞声"，显出奴性；但对其下的"弱者"（没有任何话语权的下等华人、妇女、儿童，等等），它又是"强者"，可以"耀武扬威"，显出主子性[4]——所扮演的依然是"往来主奴之界"的角色。而上海滩的媒体更善于制造流言以杀人；所谓"人言可畏"，不仅是媒体与市民的合谋，而且所遵循的是赤裸裸的资本法则，以弱

---

1 《准风月谈·揩油》，《鲁迅全集》第5卷，第269—270页。
2 除下面提到的几篇杂文外，还可以参考以下诸篇：《上海的儿童》（收《南腔北调集》）、《论秦理斋夫人事》（收《花边文学》）、《文学上的折扣》（收《伪自由书》）、《"滑稽"例解》（收《准风月谈》）、《上海文艺之一瞥》（收《二心集》）、《文坛三户》（收《且介亭杂文二集》）、《帮闲法发隐》（收《准风月谈》）、《查旧账》（收《准风月谈》）、《中国的奇想》（收《准风月谈》）、《豪语的折扣》（收《准风月谈》）、《奇怪》（收《花边文学》）等。
3 《南腔北调集·上海的儿童》，《鲁迅全集》第4卷，第580—581页。
4 《且介亭杂文二集·论"人言可畏"》，《鲁迅全集》第6卷，第343页

者的血来牟利——又是"吃人肉的筵宴"的延续。

鲁迅在观察上海文坛、学界时,更是发现了金钱无所不在的渗入,正是文学、艺术、学术的全面商业化滋生出"商定文豪"[1]、"无文的文人"[2]、"捐班"学者[3]……这样的怪胎。

京派与海派,北人与南人

30年代,知识分子间,曾有"京派"与"海派"之争,鲁迅根据他在北京与上海两座城市的观察与体验,作了这样的概括:"北京是明清的帝都,上海乃各国之租界,帝都多官,租界多商,所以文人之在京者近官,没海者近商","'京派'是官的帮闲,'海派'则是商的帮忙而已"[4]。后来他又发现了"京海杂烩":"也许是因为帮闲帮忙,近来都有些'不景气',所以只好两界合办,把断砖,旧袜,皮袍,洋服,巧克力,梅什儿……之类,凑在一处,重新开张,算是新公司,想藉此来新一下主顾们的耳目罢。"[5]其实这是更深刻地反映了(北)京、(上)海两个城市的文化与知识分子的发展趋势的:不仅充当"官"的帮忙、帮闲,而且是"商"的帮忙、帮闲。

鲁迅还有一篇《北人与南人》,鲁迅说,这是由"京派"与"海派"的讨论而"牵连想到的",其中自然就包括了鲁迅对北京人与上海人的观察,那确实也是入木三分:"据我所见,北人的优点是厚重,南人的优点是机灵。但厚重之弊也愚,机灵之弊也狡,所以某先生(指顾炎武)曾经指出缺点道:北方人是'饱食终日,无所用心';南方人是'群居终日,言不及义'。就有闲阶级而言,我以为大体是的

---

[1] 《准风月谈·"商定"文豪》,《鲁迅全集》第5卷,第397—398页。
[2] 《伪自由书·文人无文》,《鲁迅全集》第5卷,第85—86页。
[3] 《准风月谈·各种捐班》,《鲁迅全集》第5卷,第281—282页。
[4] 《花边文学·"京派"与"海派"》,《鲁迅全集》第5卷,第453页。
[5] 《且介亭杂文二集·"京派"和"海派"》,《鲁迅全集》第6卷,第315页。

确的。"[1]

被抹杀的另一面

当然,也还有另一种存在。鲁迅曾引用苏联作家爱伦堡的一句名言,来说明当时的上海:"一方面是庄严的工作,另一面却是荒淫与无耻。"[2] 鲁迅同时指出,那些"庄严的(地)工作"着的人们,那些为中国的现在与未来"前仆后继的战斗"者,"总在被摧残,被抹杀,消灭于黑暗中,不能为大家所知道"[3]。于是,就有了这样的沉重之语:"我每当朋友或学生的死,倘不知时日,不知地点,不知死法,总比知道的更悲哀和不安;由此而推想那一边,在暗室中毕命于几个屠夫的手里,也一定比当众而死的更寂寞。"[4] 鲁迅因此提醒人们:要真正认识中国,"要自己去看地底下"[5]。

我们也因此懂得了鲁迅说要有"看夜的眼睛"的深意:不仅要看到被"光明"的外表掩饰的黑暗,也要看到"消灭于黑暗中"的真正支撑着民族精神的"筋骨与脊梁"。

《故事新编》里的"油滑"与海派作风

鲁迅在上海以主要精力从事杂文写作,小说创作仅有编入《故事新编》里的《理水》《采薇》《出关》《非攻》《起死》五篇,除《非攻》写于1934年外,其余四篇均在1935年11月、12月连续写出。如鲁迅在《故事新编》序言里所说,小说取材于"古代传说之类",却"时有油滑之处"[6]。所谓"油滑",就包括将他对上海(也包括北京)的都市观察与体验随机融入小说的叙述里。比如《理水》里的开口闭口"古貌林"、

---

[1] 《花边文学・北人与南人》,《鲁迅全集》第5卷,第456—457页。
[2] 《且介亭杂文二集・田军作〈八月的乡村〉序》,《鲁迅全集》第6卷,第295页。
[3] 《且介亭杂文・中国人失掉自信力了吗》,《鲁迅全集》第6卷,第122页。
[4] 《准风月谈・写于深夜里》,《鲁迅全集》第6卷,第520页。
[5] 《且介亭杂文・中国人失掉自信力了吗》,《鲁迅全集》第6卷,第122页。
[6] 《〈故事新编〉序言》,《鲁迅全集》第2卷,第354页。

"好杜有图"的"文化山"的学者[1],就显然有京、海两派学界名流的身影。《采薇》里凭空创造出来的华山强盗小穷奇,大谈"海派会'剥猪猡',我们是文明人,不干这玩意儿的",这大概就属于"海盗"——上海滩上的小流氓、小强盗之流;而小说结尾,上海弄堂里的"阿金",变成"阔人家里的婢女",也上首阳山了[2]。《出关》里的账房先生们一本正经地讨论老子的"稿子"在市场上的价格,同时大不正经地谈要听老子讲自己的恋爱故事[3],这就真有点海派作风了。此外,《非攻》里出现的"募捐救国队"[4],《起死》里巡士高谈"自杀是弱者的行为呀"的宏论[5],这都是上海街景与巷议。这些涉笔成趣的神来之笔,自然不可也不必追究深意,如鲁迅自己所说,只是为了不要"将古人写得更死"[6]而已。

本文发表于《鲁迅研究月刊》2006年第5、6期

---

1 《故事新编·理水》,《鲁迅全集》第2卷,第385—388页。
2 《故事新编·采薇》,《鲁迅全集》第2卷,第418、426页。
3 《故事新编·出关》,《鲁迅全集》第2卷,第462—463页。
4 《故事新编·非攻》,《鲁迅全集》第2卷,第479页。
5 《故事新编·起死》,《鲁迅全集》第2卷,第494页。
6 《〈故事新编〉序言》,《鲁迅全集》第2卷,第354页。

与周氏兄弟相遇

鲁迅和中国现代文化

本文所讨论的，是鲁迅思想与中国现代思想文化的关系，由此呈现的他的思想的独特性，以及他在中国现代思想界所处的地位，他的特殊价值。这是一个相当宏观的题目，而且有好些流行的说法，在我看来，都有些似是而非，颇多可议之处；而一加质疑，就把所要讨论的问题复杂化了。

人们通常说，鲁迅是"五四"新文学运动的"主将"，由此引发出来的，是"鲁迅的方向，就是中华民族新文化的方向"这样的经典论断。鲁迅确实说过，他的写作坚持的是"五四"的"启蒙主义"[1]，他还说发表在《新青年》上的《狂人日记》《孔乙己》《药》等小说"显示了'文学革命'的实绩"，"颇激动了一部分青年读者的心"[2]。因此，他承认，他是"尊奉""五四"文学革命的"前驱者的命令"而写作，并自觉"与前驱者取同一步调的"[3]。——但"遵命"这一说法本身就否定了"主将"之说，鲁迅自己是明确将胡适视为"五四"文学革命的"提倡"者的[4]，而陈独秀是"五四"新文化运动的主将，更已经是现在学术界的共识。对周氏兄弟在《新青年》与"五四"新文化运动中的地位和作用，陈独秀有一个回忆："鲁迅先生和他的弟弟启明先生，都是《新青年》的作者之一人，虽然不是最主要的作者，发表的文章也很不少，尤其是启明先生；然而他们两位，都

---

1 《南腔北调集·我怎么做起小说来》，《鲁迅全集》第4卷，人民文学出版社，2005年，第526页，下同，不一一注明。
2 《〈中国新文学大系〉小说二集序》，《鲁迅全集》第6卷，第242页。
3 《〈自选集〉自序》，《鲁迅全集》第4卷，第469页。
4 《三闲集·无声的中国》，《鲁迅全集》第4卷，第13页。

有他们自己独立的思想,不是因为附和《新青年》作者中哪一个人而参加的,所以他们的作品在《新青年》中特别有价值。"¹——"不是最主要的",当然就不是"主将";但有"自己的独立思想",因而"特别有价值":这是一个客观、准确的评价。

那么,鲁迅的"独立价值"在哪里呢?这首先表现在他对"五四"的"启蒙主义"话语与实践的复杂态度。他确实为启蒙而写作,但他从一开始就对启蒙的作用心存怀疑。因此,据周作人回忆,对《新青年》鲁迅最初"态度很冷淡"²;而且在钱玄同向他约稿时,他就对启蒙主义提出了两个质疑:"铁屋子"单凭思想的批判就能够"破毁"吗?你们把"熟睡的人们"唤醒,能不能给他们指出出路³?因此,在"五四"运动一周年时,他在一封通信里,对学生爱国运动及新文化运动所引发的"学界纷扰",出乎意外地给予了冷峻的低调评价:"由仆观之,则于中国实无何种影响,仅是一时之现象而已。"⁴到大革命失败以后,目睹年轻人的血,他更是痛苦地自责:自己的启蒙写作,"弄清了老实而不幸的青年的脑子和弄敏了他的感觉,使他万一遭灾时来尝加倍的苦痛,同时给憎恶他的人们赏玩这较灵的苦痛,得到格外的享乐",不过是充当了"吃人的宴席"上"做这醉虾的帮手"。但他又表示,"还想从以后淡下去的'淡淡的血痕中'看见一点东西,誊在纸片上"⁵。——在坚持中质疑,又在质疑中坚持:这样的启蒙主义立场,在现代中国的思想文化界,确实是非常特别而独到的。

---

1 陈独秀:《我对鲁迅之认识》,原载《宇宙风》第52期,1937年11月。
2 参看周作人:《钱玄同的复古与反复古》中转引钱玄同1923年7月9日致周作人书,《周作人文类编·八十心情》,湖南文艺出版社,1998年,第481页。
3 《〈呐喊〉自序》,《鲁迅全集》第1卷,第441页。
4 《书信·200504·致宋崇义》,《鲁迅全集》第11卷,第382页。
5 《而已集·答有恒先生》,《鲁迅全集》第4卷,第474、477—478页。

鲁迅对"五四"启蒙主义持这样的既坚持又质疑的态度,并非偶然,因为他对"五四"新文化运动的两个核心话语:"科学"与"民主",早就别有见解。

在20世纪初(1908年),在其所写的《科学史教篇》里,鲁迅一方面充分肯定科学对于东方落后民族国家的特殊意义,给以很高的期待:"盖科学者,以其知识,历探自然见(现)象之深微,久而得效,改革遂及于社会,继复流衍,来溅远东,浸没震旦(按:指中国),而洪流所向,则尚浩荡而未有止也。"但他同时提醒:如果以"科学为宗教"(即今天我们所说的"唯科学主义"),就会产生新的弊端:"盖使举世唯科学之崇,人生必大归于枯寂,如是既久,则美上之感情漓,明敏之思想失,所谓科学,亦同趣于无有矣。"这其实是内含着鲁迅对科学的独特理解的:在他看来,"科学发见(现)常受超科学之力",因此,科学与信仰,理性与非理性,是既相互矛盾又相互渗透与促进的[1]。这正是典型的鲁迅的特殊思维:他从不对某一单一的命题(如"科学"、"理性")作孤立的考察,而总是在正题与反题("科学"与"信仰","理性"与"非理性")的对立中进行辩证的思考。他又从不把正题与反题的对立绝对化,对任何一方作绝对的肯定或绝对的否定,而是在肯定中提出质疑,在质疑中作出肯定:同样是既倡导科学,又质疑科学。

对"民主"的看法与态度也同样如此。早在20世纪初所写的《文化偏至论》等文里,他在充分地肯定了英、美、法诸国革命所倡导的"政治之权,主以百姓"的"社会民主之思"对反抗封建君主专制的巨大意义的同时,也提醒人们:如果将"民主"推向极端,变成"众数"崇拜,"借众以凌寡","托言众治,压制乃尤烈于暴君"[2],那就会形

---

1 《坟·科学史教篇》,《鲁迅全集》第1卷,第25、29、35页。
2 《坟·文化偏至论》,《鲁迅全集》第1卷,第49、46页。

成新的"多数人专政",其结果必然是历史的循环,即所谓"以独制众者古","以众虐独者今"[1],在反掉了传统的封建专制以后,又落入了新的现代专制。鲁迅因此对维新派鼓吹的"立宪国会之说"提出质疑,他担心这不过是"假是空名,遂其私欲",其结果必然是"将事权言议,悉归奔走干进之徒,或至愚屯之富人,否亦善垄断之市侩","古之临民者,一独夫也;由今之道,且顿变为千万无赖之尤,民不堪命矣,于兴国究何与焉"[2]。鲁迅是深知中国的:"每一新制度,新学术,新名词,传入中国,便如落在黑色染缸,立刻乌黑一团,化为济私助焰之具"[3],鲁迅对西方宪政国会制在中国可能发生的质变的警惕,当然不是无的放矢。这是那些奉行"民主"崇拜,将其绝对化、神化的人们所不能理解的,他们至今还因为鲁迅在坚持民主的同时又质疑民主,而给鲁迅戴上"反民主"的帽子,这样的隔膜实在是可悲的。

还有一种流行的说法:鲁迅是30年代左翼革命文学运动的领袖,是"左联"的"盟主"。

鲁迅确实认为,在30年代,左翼革命文学的出现,"实在具有社会的基础,所以在新分子里,是很有极坚实正确的人存在的"[4],他因此也自觉地参与,支持,将其视为自己的事业,并高度赞扬说:"无产阶级革命文学和革命的劳苦大众是在受一样的压迫,一样的残杀,作一样的战斗,有一样的命运,是革命的劳苦大众的文学。"[5]也正因为如此,当真正掌控"左联"的中共上海党组织决定解散"左联"时,鲁迅不顾可能带来的严重后果,持坚决反对态度,

---

1 《集外集拾遗补编·破恶声论》,《鲁迅全集》第8卷,第28页。
2 《坟·文化偏至论》,《鲁迅全集》第1卷,第47页。
3 《花边文学·偶感》,《鲁迅全集》第5卷,第506页。
4 《二心集·上海文艺之一瞥》,《鲁迅全集》第4卷,第304页。
5 《二心集·中国无产阶级革命文学和前驱的血》,《鲁迅全集》第4卷,第290页。

他的理由是:"左联,虽镇压,却还有人剩在地底下的"[1],他所看重的正是这一点:"左联"中的左翼作家,他们是冒着被镇压的危险,和"地底下"的中国底层民众站在一起,为中国的未来默默奋斗的。

但鲁迅却清楚地知道:他并非"领袖",更不是"盟主"。他参加"左联"以后在给朋友的信中,就说到自己"不得不有作梯子之险",并且发出感慨:"中国之可作梯子者,其实除我之外,也无几了。"在同一封信里,他还谈到"左联"中的一些人"皆茄花色",难免鱼龙混杂,分歧乃至最后的分离都是不可避免的[2]。在他看来,一个团体,只要大的目标正确,个人当"梯子"也无妨,但有一条线:不能当奴隶,失去独立性。因此,当他"觉得缚了一条铁索,有一个工头在背后用鞭子打我"时[3],他就要奋起反抗,揭露那些"革命的大人物"、"文坛皇帝"和"奴隶总管"了。

更重要的是,鲁迅对左翼文学运动的基本理念也是既接受又质疑的。

比如"革命"。鲁迅说,有人一听到"革命"就害怕,其实"不过是革新"[4],他因此主张校园里的"平静的空气,必须为革命的精神所弥漫"[5],召唤"永远的革命者"[6],一再对为革命牺牲的烈士表示最大的敬意,这都是有文可证的。但,鲁迅也一再提醒人们要警惕那些"貌似彻底的革命者,而其实是极不革命或有害革命的个人主义的论客"[7],他们"摆出一种极左倾的凶恶的面貌,好似革命一到,一切非革命者就都得死,令人对革命只抱着恐怖。其实革命

---

1 《书信·360214·致沈雁冰》,《鲁迅全集》第14卷,第25页。
2 《书信·300327·致章廷谦》,《鲁迅全集》第12卷,第226、227页。
3 《书信·350912·致胡风》,《鲁迅全集》第13卷,第543页。
4 《三闲集·无声的中国》,《鲁迅全集》第4卷,第13页。
5 《集外集拾遗补编·中山大学开学致语》,《鲁迅全集》第8卷,第194页。
6 《集外集拾遗·中山先生逝世后一周年》,《鲁迅全集》第7卷,第306页。
7 《二心集·非革命的急进革命论者》,《鲁迅全集》第4卷,第232页。

是并非教人死而是教人活的"[1]。因此,他对无休止的"革命,革革命,革革革命……"提出根本性的质疑:"革命的被杀于反革命的。反革命的被杀于革命的。不革命的或当作革命的而被杀于反革命的,或当作反革命的而被杀于革命的,或并不当作什么而被杀于革命或反革命的":这都是在"革命"的旗号下,滥杀无辜和互相残杀[2],是鲁迅绝不能接受的。

比如,"平等"与"社会主义"。鲁迅在《文化偏至论》里,对法国大革命所倡导的"扫荡门第,平一尊卑"的"平等自由之念",给予了充分肯定。到30年代,他对苏联所进行的社会主义实验,也作出了积极的评价:"'……一切神圣不可侵犯'的东西,都像粪一样抛掉,而一个簇新的,真正空前的社会制度从地狱底里涌现而出,几万万的群众自己做了支配自己命运的人。"[3]尽管我们可以用以后的事实证明鲁迅这一判断的失误,但鲁迅对以"平等"为核心的"社会主义"理念的向往却是真诚的。但从一开始,他就同样对"平等"可能导致的偏至提出质疑。他说,如果把对"平等"的追求推到极端,"大归于无差别","盖所谓平社会者,大都夷峻而不淹卑,若信至程度大同,必在前此进步水平以下","全体以沦于凡庸"[4],结果必然是社会、文化、历史的全面倒退。而对苏联的社会主义实验,他在表示向往的同时,也在紧张地观察与思考其中可能存在的问题。据严家炎先生公布的胡愈之回忆的原稿;鲁迅得知苏联发生大规模的肃反运动,就敏感到"自己人发生(了)问题",感到"担心",并且成为"他不想去苏联的

---

[1]《二心集·上海文艺之一瞥》,《鲁迅全集》第4卷,第304页。
[2]《而已集·小杂感》,《鲁迅全集》第3卷,第556页。
[3]《南腔北调集·林克多〈苏联闻见录〉序》,《鲁迅全集》第4卷,第436页。
[4]《坟·文化偏至论》,《鲁迅全集》第1卷,第52页。

一个原因"[1]。而冯雪峰则回忆说,晚年的鲁迅多次对他谈到,"穷并不是好,要改变一向以为穷是好的观念,因为穷就是弱。又如原始社会的共产主义,是因为穷,那样的共产主义,我们不要",这是他计划写而因为死亡未及写的两篇文章中的一篇[2]。这都说明,鲁迅是始终坚持着自己独立的思考与批判立场的。

这些年学术界很多人都在强调"自由主义"在现代中国思想、文化史上的意义与价值,于是,鲁迅和自由主义的关系,就成了一个广被关注的话题。大体上有两种意见:有的学者认为,鲁迅"比那些主张全盘西化的自由主义者们更加接近西方自由主义思想的本质",鲁迅是"和自由主义知识分子同根所生","鲁迅和自由主义者们的真正区别,并不在于各自信念的不同,而在大家为信念所做功夫的区别"[3];另一些学者则认为,鲁迅对自由主义者的批判,表明他是"反自由主义"的,这正是鲁迅的局限所在。——有意思的是,最初提出鲁迅"反自由主义"的是瞿秋白,但他认为这正是鲁迅精神可贵之处;而今天的论者,作出了同样的论断,但价值判断则截然相反,这都是反映了中国社会思潮的变化的。

这里不准备对具体的争论发表意见,依然按前文的思路,来讨论鲁迅对"自由"问题的复杂态度。

还是从鲁迅一百年前在日本发表的文章说起。仔细考察前文所提到的鲁迅对"科学"、"民主"与"平等"的质疑,就可以发现,他的质疑其实都是集中于一点:有可能导致对人的个体精神自由与独立性的压抑,即所谓"灭人之自

---

1 参看严家炎:《东西方现代化的不同模式和鲁迅思想的超越》,《论鲁迅的复调小说》,上海教育出版社,2002年,第253页。
2 冯雪峰:《鲁迅先生计划而未完成的著作》,《鲁迅回忆录(散篇)》中册,北京出版社,1999年,第696页。
3 参看郜元宝:《自由"的"思想与自由"地"思想——鲁迅与中国现代自由主义》,《鲁迅六讲》,上海三联书店,2000年,第191、192页。

我，使之混然不敢自别异，泯于大群"。¹鲁迅因此而明确提出："凡一个人，其思想行为，必以己为中枢，亦以己为终极，即立我性之绝对之自由者也。"²既然人是自己存在的根据，他就摆脱了对一切"他者"的依附，彻底走出被他者奴役的状态，而进入了人的个体生命的自由状态，而这样的个体生命又是和宇宙万物的生命相联结的，如我在一篇文章里所说："鲁迅的个体生命自由观，是包含着一种博爱精神，一种佛教所说的大慈悲的情怀的。他所讲的人的个体精神自由是一个非常大的生命境界，用他自己的话来说，就是'天马行空'。这四个字是他的思想艺术的精髓，他的自由是天马行空的自由，是独立的，不依他、不受拘束的，同时又可以自由出入于物我之间，人我之间，这是大境界中的自由状态。"³我们说的鲁迅"立人"思想就是建立在这样的个体生命自由观上的，它的核心，就是追求"人的个体精神自由"，因而反对一切形态的对人的个体精神自由的剥夺与奴役。在这个意义上，我们可以说，"自由"是鲁迅思想中的一个基本概念。

鲁迅在"五四"新文化运动中的创作业绩，正是这样的追求个体精神自由的"立人"理想的文化实践。到了30年代，他的自由理想就发展成为"反专制，争自由"的社会实践。

他参加"自由运动大同盟"、"中国民权保障同盟"，以及"左联"，都是这样的社会实践。当有人问他："假如先生面前站着一个中学生，处此内忧外患交迫的非常时代，将对他讲怎样的话，作努力的方针？"他明确地回答："第一步要努力争取言论的自由。"⁴他后期集中精力于杂文

---

1 《集外集拾遗补编·破恶声论》，《鲁迅全集》第8卷，第28页。
2 《坟·文化偏至论》，《鲁迅全集》第1卷，第52页。
3 钱理群：《与鲁迅相遇》，三联书店，2003年，第80页。
4 《二心集·答中学生杂志社问》，《鲁迅全集》第4卷，第372页。

写作,并将他的杂文集命名为《伪自由书》,这都是意味深长的:鲁迅的杂文,就其本质而言,就是在不自由的时代,展现永不屈服的自由意志与不可遏止的自由生命:将鲁迅,特别是后期鲁迅和自由对立起来,这真是一种可怕的隔膜。

鲁迅在一篇杂文里引用了罗兰夫人的一句话:"自由自由,多少罪恶,假汝之名以行!"[1]他对"自由"理念到中国的变形、变质总是保持着高度的警惕。这就说到了鲁迅20年代和现代评论派的论战,这也可以说是鲁迅和中国自由主义知识分子的第一次公开论战与决裂。值得注意的是,鲁迅的批判,并不针对其"自由"理念本身,而是这样提出问题:这些中国的自由主义知识分子,他们搬来的西方自由主义的理论,例如"保护少数"、"宽容"等,但他们是"信而从"呢,还是"怕和利用"?答案是清楚的:只要看看他们怎样"言行不符,名实不副,前后矛盾","只要看他们的善于变化,毫无特操,是什么也不信从的"。例如,他们口口声声喊"宽容",却对和自己有不同意见的教授不宽容,甚至扬言要借助权势将他们"投畀豺豹";他们忽而以"保护少数"为名,为女师大校长杨荫榆辩护,忽而又以"多数"的名义,对被当局雇用的流氓强拉出学校的学生大加讨伐。鲁迅因此得出结论:这些自称的"自由主义者"不过是"做戏的虚无党"[2],是鲁迅在20世纪初就痛加批判的"伪士"的新品种[3]。

鲁迅对现代评论派诸君子的批判的另一方面,是他们与掌权者(如时为段祺瑞政府教育总长的章士钊)的暧昧,乃至依附关系,即是要揭露他们隐藏在绅士服里的"官魂"。

---

[1] 《花边文学 · 偶感》,《鲁迅全集》第5卷,第506页。
[2] 《华盖集续编 · 马上支日记》《华盖集 · 十四年的"读经"》《华盖集 ·"公理"的把戏》《华盖集 · 这回是"多数"的把戏》,《鲁迅全集》第3卷,第346、138、176、186、346页。
[3] "伪士"的概念见于鲁迅的《集外集拾遗补编 · 破恶声论》,参看《鲁迅全集》第8卷,第30页。

30年代鲁迅和新月派论战时,也是抓住他们自觉充当国民党政权的"诤臣"、"诤友"这一点,将他们称作"贾府里的焦大"[1]。这涉及中国自由主义者的理念:他们是主张维护"秩序"的,胡适强调要维护政府"制裁一切推翻政府或反抗政府的行为"的合法性,不能向政府要求"革命的自由权"[2],就表明了这样的"诤臣"与"诤友"的基本立场,这也就决定了他们与官方的暧昧关系,这与自觉地做体制外的民间批判者,具有"民魂"的鲁迅,自然有着理念与现实选择上的根本不同。

值得注意的是,鲁迅对自由主义理念的另一方面的批评。他在1928年为自己翻译的日本鹤见佑辅的随笔集《思想·山水·人物》所写的《题记》里,谈到"这书的归趣是政治,所提倡的是自由主义",表示"我对于这些都不了然",但接着又说:"我自己,倒以为瞿提(歌德)所说,自由和平等不能并求,也不能并得的话,更有见地,所以人们只得先取其一的。"[3]这里引人注目地提出了"自由"与"平等"的关系问题。如前所说,在20世纪初,鲁迅强烈地感到片面、极端的"众数"的"民主"、"平等"对"个体自由"可能造成的压抑,因此,他突出了"自由"的诉求;而在二三十年代,他却发现了中国的一些自由主义知识分子,自命"特殊知识阶级",完全无视日趋严重的社会不平等,把对自由的诉求变成排斥多数人(特别是普通平民)的少数人的"精英自由",这同样是对他所追求的"自由"理念与理想(我们说过那是一种包含博爱,自然也包含平等意识的大生命境界)的另一种消解,因此,他又要突出"平等"的诉求。

---

1 《伪自由书·言论自由的界限》,《鲁迅全集》第5卷,第122页。
2 胡适:《民权的保障》,《胡适文集》第11卷,北京大学出版社,1998年,第295页。
3 《译文序跋集·〈思想·山水·人物〉题记》,《鲁迅全集》第10卷,第299、300页。

正如一位研究者所分析的，"鲁迅为自由而战，就不得不呈现为双重的挣扎：既向片面追求平等的集体主义者要求个人自由，强调在追求平等的过程中不要忘记最终目标是自由，又向片面追求个人自由的自由主义者要求正视现实的不平等——这种不平等有时是缺乏个人自由的结果，有时则是个人自由发扬的结果。他是以这样双重挣扎维护着自由与平等本质的同一性"，而在中国的现实政治社会文化生活中，"这种双重挣扎，使鲁迅既不见容于追求'平等'而漠视'自由'的左翼文化界，也不见容于强调'自由'而漠视'平等'的自由主义者。自由的鲁迅一直就这样在被割裂的自由的夹缝中经受着孤独的煎熬——以上双方都有理由从各自理解的自由理念出发，责难鲁迅反动"[1]。我要补充的是，这样的双面"责难"是一直延续到今天的。

因此，说"鲁迅的方向，就是中国新文化的方向"只能表明一种价值倾向，而其真正含义是要假鲁迅之名来推行自己的文化方向。这更不是历史事实的陈述：实际状况是，鲁迅永远是孤独、寂寞的，是中国现代思想文化界一个永远的异数、少数。

在作了以上具体的考察以后，我们可以回到讨论的主旨"鲁迅与中国现代文化"的关系问题上来。不难看出，我们所讨论的"启蒙主义"、"科学"、"民主"、"革命"、"平等"、"社会主义"、"自由"，等等，实际上都是"中国现代文化"的主要概念，构成了它的主体。而我们的讨论表明，鲁迅对这些概念——中国现代文化的主流观念的态度——是复杂的：他既有吸取，乃至坚持，又不断质疑，揭示其负面，及时发出警戒。这样的既肯定又否定，在认同与质疑的往返、旋进中将自己的思考逐渐推向深入，将自己的

---

[1] 郜元宝：《自由"的"思想与自由"地"思想——鲁迅与中国现代自由主义》，《鲁迅六讲》，上海三联书店，2000年，第186—187页。

价值判断充分地复杂化,相对化,可以说是鲁迅所独有的思维方式(其他思想家大都陷入"要么肯定,要么否定"的二元对立模式中),就使得鲁迅与中国现代文化的关系,呈现出极其复杂,也极其独特的状态:可以说,他既是中国现代文化的建构者,又是中国现代文化的解构者。因而,他的思想与文学,实际上是溢出中国现代文化的范围的,或者说,是中国现代文化所无法概括,具有特殊的丰富性与超前性的,是真正向未来开放的。

  我们也许可以由此而讨论鲁迅思想的若干特点,但也只能把问题提出,更详尽的讨论只好留待以后另找机会了。

  首先是鲁迅思想的无以概括归类性。记得在我和王乾坤先生合作的《作为思想家的鲁迅》一文里,我们就讨论过这个问题。当时我们就注意到"鲁迅是一个矛盾结构。在他身上有着太多的矛盾,以致我们很难满意地找到某个对应的名词来概括他的丰富性"。我们举例说:说他"反传统"么?"似乎明如白昼,毋庸置疑。但是,只要适当地克服释读误区,便不难发现,由儒道代表的中华民族最优秀的气质与智慧,都在他的新的价值基座上给激活了","在中国历史上,有多少《论语》《孟子》的传人比他更'君轻民贵',更'富贵不能淫,威武不能屈,贫贱不能移',更'先天下忧而忧',更富'真诚'与'大心'……有多少读过《道德经》和《庄子》的人,比他更'独异'、'不羁'、'天马行空',比他更早更系统地批判工业社会的'物役'、'知识之祟'的'丧我'……"说他是"存在主义者"么?"他对人的存在状况确乎有着海德格尔、萨特、加缪们相同的'厌恶'、'恐怖'、'孤独'体验乃至宗教情绪,但没有哪一个存在主义者像他那样不歇地向外作现实的捣乱与反抗。"说他是"阶级斗争战士"么?"也对。他的中间物意识使他不承认他所生活的人类有公理性的价值存在,而总是执一端地站在一个利益集团的立场上向另一个利益集团宣战。但他同时偏偏爱用人道主义的情怀,拒斥以暴易暴的旧式造反和视托尔斯泰为'卑污'的新式革命。"启蒙主义者么?人道主义者么?个性主义者么?还有我们在这里讨论的,民主主义者么?自由主义者么?科学主义者么?社会主义者么?革命者么?……"都像,又都不尽像。鲁迅就是这样一种矛盾结构","这一矛盾结构集中体现了中国历史之交的思想文化冲突","同时也是人性的、人类内在矛盾的展开。前者不过是后者的历史形态。这使他的许多命题,既是历史的,也是永恒的"[1]。正是这样的无以概括归类性,决定了我们与其将鲁迅思想纳入某一既定思想体系,不如还原为他自己,简单而直接地称作"鲁迅思想",但也没有"鲁迅主义"。

其次,我们不难注意到,前面所讨论的所有的中国现代思想的主要概念和命题,无论是"启蒙"、"科学"、"民主"、"平等"、"自由",还是"革命"、"社会主义",都是外来的,主要是西方的思想;而鲁迅对之采取的既肯定又否定的复杂态度,其实是根植于他的一个基本立场和特点的。鲁迅有一句名言:"仰慕往古的,回往古去罢!想出世的,快出世罢!想上天的,上天去罢!灵魂要离开肉体的,赶快离开罢!现在的地上,应该是执著现在,执著地上的人们居住的。"[2] 立足于中国这块土地,立足于中国现实,"执著现在","执著地上":这正是鲁迅最基本、最本质的特点,如我在《科学总结二十世纪中国经验》一文中所说,鲁迅是"真正立足于中国本土现实的变革,以解决现代中国问题为自己思考的出发点与归宿的思想家、文

---

[1] 钱理群、王乾坤:《作为思想家的鲁迅》,《走进当代的鲁迅》,北京大学出版社,1999年,第80—82页。本文所引这段文字系由王乾坤先生起草。
[2] 《华盖集·杂感》,《鲁迅全集》第3卷,第52页。

学家"[1]。

没有谁比鲁迅更了解中国的文化、历史与现实的了。可以说他有三个"深知"。首先是深知中国传统文化的问题所在，特别是在中国进入现代社会以后，已经发展到烂熟的中国传统文化，极需输入外来文化的新鲜血液，以获得新的发展的推动力。其次是深知中国以汉唐文化为代表的传统文化，其力量、生机就在于胸襟的"闳放"，"魄力"的"雄大"，"毫不拘忌"地"取用外来事物"，"自由驱使"[2]，因此，他完全自觉地继承这一传统，旗帜鲜明地提出了他的"拿来主义"，宣言"我们要运用脑髓，放出眼光，自己来拿！"[3]应该说，前述新概念、新观念的引入，就是这样的"自己来拿"的结果，都是西方思想文化的精华，其中积淀了人类文明的成果，也是中国现实的变革所亟需的思想资源，其最终成为中国现代文化的主体，鲁迅也成为这样的中国现代文化的建构者之一，这都不是偶然的。但同时，鲁迅又深知，中国根本不具备接受新思想、新制度的基本条件："自由主义么，我们连发表思想都要犯罪，讲几句话也为难；人道主义么，我们人身还可以买卖呢。"[4]更重要的是，中国社会与文化的历史惰性，传统习惯势力的可怕，使中国文化具有很强的同化力，这就是鲁迅所说的"染缸"的法力，任何新制度、新思想、新观念、新名词，一到中国，就变成另外一个样子了。这样的"染缸"文化的另一个特点，就是中国人、中国知识分子"总喜欢一个'名'，只要有新鲜的名目，便取来玩一通，不久连这名目也糟蹋了，便放开，另外又取一个"[5]，因此，在中国，只

---

1 钱理群：《科学总结二十世纪中国经验》，《追寻生存之根——我的退思录》，广西师范大学出版社，2005年，第22—23页。
2 《坟·看镜有感》，《鲁迅全集》第1卷，第208、209页。
3 《且介亭杂文·拿来主义》，《鲁迅全集》第6卷，第40页。
4 《随感录·五十六"来了"》，《鲁迅全集》第1卷，第363页。
5 《书信·340422·致姚克》，《鲁迅全集》，第82页。

有成为"符咒"的名词,而无真正的"主义"。鲁迅对这样的变质,这样的玩新名词的"伪士",极度的敏感,也怀有很高的警惕。因此,他对任何新思想、新名词的鼓吹者,都要投以怀疑的眼光,听其言,而观其行,绝不轻信。

另一方面,作为一个有着深厚根基的,独立的思想家、文学家,鲁迅自然也就拒绝了一切文化神话:他摆脱了中国传统文人所固有的"中华中心主义",大胆吸取西方新文化,同时也拒绝赋予西方文化以至高、至上性与绝对普遍性的"西方中心主义",这是他能够在思想发展的起点上,就对"科学"、"民主"、"平等"等西方工业文明的基本理念提出质疑的最重要的原因。他明确地和那些"言非同西方之理弗道,事非西方之术弗行"的"维新之士"划清界限[1],他的"拿来主义",最基本的原则就是要以"新主人"的姿态,"或使用,或存放,或毁灭","自己来拿",自己作主[2]。而取舍衡量的标准,就是看是否有利于中国社会的变革,有利于现代中国人的生存和健全发展。这样的独立性与主体性,是鲁迅思想最重要的特点,也是最可宝贵的精神传统。

最后,我们不能忽视的是,在鲁迅身上所体现的思想家与文学家的统一。也就是说,"鲁迅是一个不用逻辑范畴表达思想的思想家,多数的情况下,他的思想不是诉诸概念系统,而是现之于非理性的文学符号和杂文体的嬉笑怒骂"。而且不只是文学化的表达,更包含了文学化的思维:鲁迅所关注的始终是人的精神现象,一切思想的探讨和困惑,在他那里都会转化为个体生命的生存与精神困境的体验,"正是生命哲学构成了鲁迅区别于同时代的其他中国思想家的独特之处的一个重要方面",而"文学化的形象、

---

[1]《坟·文化偏至论》,《鲁迅全集》第1卷,第45页。
[2]《且介亭杂文·拿来主义》,《鲁迅全集》第6卷,第41、40页。

意象、语言,赋予鲁迅哲学所关注的人类精神现象、心灵世界以整体性、模糊性与多义性,还原了其本来面目的复杂性与丰富性,这样,鲁迅所要探讨的精神本体的特质与外在文学符号之间,就达到了一种和谐与统一"[1]。很多人都注意到鲁迅思想及其表达的"丰饶的含混"性的特点,却将其视为鲁迅的局限[2],这依然是一个可悲的隔膜。

但隔膜之外,也有理解。这里我要特别介绍日本鲁迅研究的前辈丸山升先生近两年连续发表的两篇文章:《活在二十世纪的鲁迅为二十一世纪留下的遗产》(载《鲁迅研究》月刊2004年十二期)、《通过鲁迅的眼睛回顾二十世纪的"革命文学"和"社会主义"》(载《鲁迅研究》月刊2006年二期)。丸山先生提醒我们注意:在21世纪初,人类面临没有经验的空前复杂的众多问题时,"鲁迅的经历和思想,尤其是他的不依靠现成概念的思考方法中",保留着"我们还没有充分受容而非常宝贵的很多成分"。这提醒很重要,也很及时。因为在我们自己的国家,一些知识分子正在竭力贬低,消解,乃至否定鲁迅的意义与价值。这使我们不禁想起当年郁达夫说过的那句沉重的话:"没有伟大人物出现的民族,是世界上最可怜的生物之群;有了伟大的人物,而不知拥护,爱戴,崇仰的国家,是没有希望的奴隶之邦。"[3]

2006年6月17日—20日
本文直接收入《鲁迅九讲》,福建教育出版社,2007年

---

1 参看钱理群、王乾坤:《作为思想家的鲁迅》,《走进当代的鲁迅》,北京大学出版社,1999年,第64—65、70页。
2 见林毓生:《鲁迅个人主义的性质与意义——兼论"国民性"问题》,《鲁迅研究月刊》1993年第12期。
3 郁达夫:《怀鲁迅》,1936年10月24日作,载《文学》月刊七卷五期。

作者简介

钱理群，1939年生于重庆。1956年考入北京大学中文系新闻专业，1958年并入中国人民大学新闻系，1960年毕业。在贵州安顺卫生学校和师范学校任语文教师18年。1978年考入北京大学中文系现代文学研究生班，师从王瑶、严家炎二位导师，1981年毕业，留校任教，先后任助教，讲师，副教授，教授。2002年退休。主要从事现代文学史研究，鲁迅、周作人研究与现代知识分子精神史研究。代表作有《心灵的探寻》《与鲁迅相遇》《周作人传》《周作人论》《大小舞台之间——曹禺戏剧新论》《丰富的痛苦——堂吉诃德和哈姆雷特的东移》《一九四八：天地玄黄》等。退休后，开始转向现代民间思想史的研究，写有《拒绝遗忘："一九五七年学"研究笔记》等专著。同时关心中小学教育，地方文化研究与青年志愿者运动，写有《语文教育门外谈》等专著和《追寻生存之根——我的退思录》等思想随笔，主编有《新语文读本》《贵州读本》等读物。2007年又出版了《我的精神自传》。

著述年表

1. 《中国现代文学三十年》,上海文艺出版社,1987年。
2. 《心灵的探寻》,上海文艺出版社,1988年7月初版;北京大学出版社,1999年11月再版。
3. 《二十世纪中国文学三人谈》,人民文学出版社,1988年。
4. 《周作人传》,北京十月文艺出版社,1990年。
5. 《周作人论》,上海人民出版社,1991年。
6. 《鲁迅小说全编》,浙江文艺出版社,1991年。
7. 《鲁迅杂文全编》,浙江文艺出版社,1993年。
8. 《丰富的痛苦——堂吉诃德和哈姆雷特的东移》,时代文艺出版社,1993年。
9. 《人之患》,浙江人民出版社,1993年。
10. 《鲁迅语粹》,华夏出版社,1993年。
11. 《大小舞台之间——曹禺戏剧新论》,浙江文艺出版社,1994年。
12. 《周作人散文精编》,浙江文艺出版社,1994年。
13. 《名作重读》,上海教育出版社,1996年。
14. 《精神的炼狱——中国现代文学从"五四"到抗战的历程》,广西教育出版社,1996年。
15. 《百年中国文学经典》(八卷),北京大学出版社,1996年。

16．《二十世纪中国小说理论资料》第4卷（1937—1949），北京大学出版社，1997年。

17．《压在心上的坟》，四川人民出版社，1997年。

18．《世纪末的沉思》，河北人民出版社，1997年。

19．《一九四八：天地玄黄》，山东教育出版社，1998年。

20．《学魂重铸》（随笔集），文汇出版社，1999年。

21．《拒绝遗忘——钱理群文选》，汕头大学出版社，1999年。

22．《二十世纪中国文学与大学文化丛书》，广西师范大学出版社，1999年。

23．《对话与漫游：四十年代小说研读》，上海文艺出版社，1999年。

24．《六十劫语》，福建教育出版社，1999年。

25．《话说周氏兄弟——北大演讲录》，山东画报出版社，1999年。

26．《走进当代的鲁迅》，北京大学出版社，1999年。

27．《反观与重构——文学史的研究与写作》，上海教育出版社，2000年。

28．《读周作人》，天津古籍出版社，2001年。

29．《二十世纪中国小说读本》，浙江文艺出版社，2002年。

30．《语文教育门外谈》，广西师范大学出版社，2003年。

31．《与鲁迅相遇》，三联书店，2003年。

32．《鲁迅作品十五讲》，北京大学出版社，2003年。

33．《我存在着，我努力着》，黑龙江人民出版社，2004年。

34．《中学生鲁迅读本》，江苏教育出版社，2004年。后在此基础上，编有《鲁迅作品选读》和《教学参考书》（与南京师范大学附属中学语文组合作）。

35.《远行以后——鲁迅接受史的一种描述(1936—2001)》,贵州教育出版社,2004年。
36.《追寻生存之根——我的退思录》,广西师范大学出版社,2005年。
37.《伤逝·阿金·在酒楼上》,天津人民出版社,2005年。
38.《生命的沉湖》,三联书店,2006年。
39.《鲁迅九讲》,福建教育出版社,2007年。
40.《钱理群讲学录》,广西师范大学出版社,2007年。
41.《拒绝遗忘——"一九五七年学"研究笔记》,香港牛津大学出版社,2007年。
42.《我的精神自传》,广西师范大学出版社,2007年。
43.《漂泊的家园》,贵州教育出版社,2008年。

图书在版编目(CIP)数据

与周氏兄弟相遇/钱理群著. —上海:复旦大学出版社,2010.8
ISBN 978-7-309-07387-4

Ⅰ.与… Ⅱ.钱… Ⅲ.①鲁迅(1881~1936)-人物研究②周作人(1885~1967)-人物研究 Ⅳ.K825.6

中国版本图书馆 CIP 数据核字(2010)第 122328 号

本书原系三联书店(香港)有限公司的"三联人文书系"之一种,以书名《与周氏兄弟相遇》出版,现经由原出版公司授权复旦大学出版社在中国内地出版发行。

与周氏兄弟相遇
钱理群 著
出品人/贺圣遂 责任编辑/卢 茗

复旦大学出版社有限公司出版发行
上海市国权路 579 号 邮编:200433
网址:fupnet@fudanpress.com http://www.fudanpress.com
门市零售:86-21-65642857 团体订购:86-21-65118853
外埠邮购:86-21-65109143
上海惠顿实业公司

开本 890×1240 1/32 印张 5.125 字数 117 千
2010 年 8 月第 1 版第 1 次印刷

ISBN 978-7-309-07387-4/K·290
定价:20.00 元

如有印装质量问题,请向复旦大学出版社有限公司发行部调换。
版权所有 侵权必究